D1032260

¿Qué tal?

¡Viva el Español!

Ava Belisle-Chatterjee
Linda West Tibensky
Abraham Martínez-Cruz

National Textbook Company
a division of NTC/CONTEMPORARY PUBLISHING GROUP

Project Director: Keith Fry
Project Managers: William Hrabrick, Frank Crane
                    Publishing Services International, Inc.
Contributing Writer: Judy Veramendi
Design Concept: Rosa + Wesley Design Associates
Cover Design: Rosa + Wesley Design Associates
Page Design: Fulcrum Creative
Art & Production Coordinator: Nancy Ellis
Cover Photographer: Robert Keeling
Cover Illustrator: Terri Starrett
Illustrators: Tim Basaldua, James Buckley, Mickey Gill,
Carolyn Gruber, Nancy Panacionne, Leanne Thomas,
Don Wilson, Fred Womack

Acknowledgments appear on page 312, which is to be considered
an extension of this copyright page.

ISBN: 0-8442-0960-0

Published by National Textbook Company,
a division of NTC/Contemporary Publishing Group, Inc.,

© 1997 by NTC/Contemporary Publishing Group, Inc.
All rights reserved. No part of this book may be reproduced,
stored in a retrieval system, or transmitted in any form or by any means,
electronic, mechanical, photocopying, recording, or otherwise,
without prior permission of the publisher.
Manufactured in the United States of America.

CONTENTS

Unidad 3

Unidad 4

Unidad 10

Unidad 11

Unidad 12

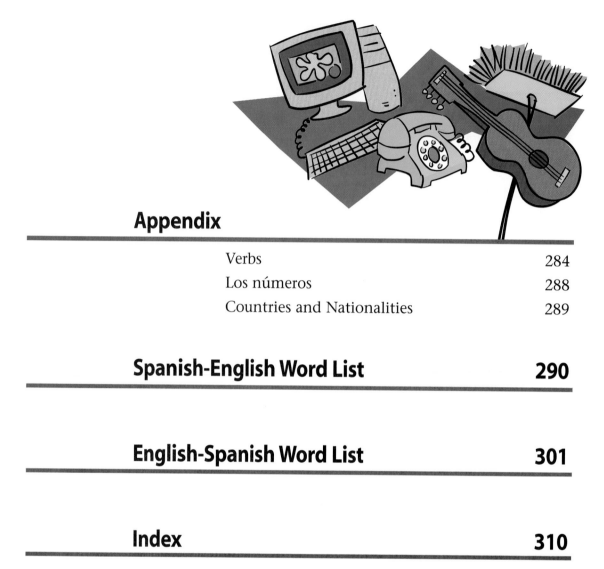

Appendix

¡Viva el Español!

Un nuevo año

Welcome back! During vacation, did you use some of the Spanish you learned last year?

There may be some things you've forgotten. But don't worry! With a little practice, it will all come back to you. And now, **¡Hablemos español!**

This **Unidad de repaso** will give you a chance to do just that: work with what you've already learned in *¡Hola!* before going on to new lessons.

In addition, here are a few other things you can do that will help you as you get started:

- Greet your friends in Spanish and ask how they are.

- Practice using the numbers: adding, counting, etc.

- Point to objects and say their names in Spanish. Look up words you don't remember.

Estos niños hablan
inglés y español.

Un saludo
entre amigos

¿Sabes que...?

- September may be autumn and back-to-school time for you, but in southern Latin America, it's spring! Kids there have been in school since March. Their school year will end in December.

- *Cuadernos* (notebooks) get a lot of use in Latin American classrooms. Kids copy their daily lessons in them, do exercises in them, and even do their homework in them!

¿Qué hace ella?

Practiquemos

A. It's the first day of school! You and your classmates are talking about your new classroom. Ask one another these questions. You can invent some of your own questions, too.

1. ¿Cuántas pizarras hay en el salón de clase?

2. ¿Cuántos alumnos hay?

3. ¿Hay tiza en el escritorio?

4. ¿Hay libros en el escritorio?

5. ¿Hay sillas?

6. ¿Hay un reloj en la pared?

B. Here's a peek inside a classroom in Latin America. Answer the questions about the photo.

1. ¿Cuántas pizarras hay? ¿De qué color?

2. ¿Cuántos alumnos hay en la clase?

3. ¿Quién habla a los alumnos?

4. ¿Cómo es la clase? ¿Es interesante o aburrida?

5. ¿Hay pupitres en la clase? ¿Cuántos?

6. ¿Qué usan los alumnos?

C. Your big brother is in high school. You're talking about what he does during the week.

PARTNER A: Ask questions about what your brother does during the week.

PARTNER B: You're the big brother. Answer the questions according to your schedule.

—¿Vas a la biblioteca el lunes?
—Sí, el lunes voy a la biblioteca.

—¿Vas al parque el jueves?
—No. El jueves no voy al parque.

lunes	martes	miércoles	jueves	viernes	sábado	domingo
la biblioteca	la clase de música	la clase de ciencias	la clase de español	la clase de arte	el cine	el parque
la tienda		el gimnasio	la clase de computadoras		el gimnasio	

¿Vas a practicar los deportes?

D. You're visiting a museum with some unusual pictures of animals. Answer the questions about the pictures.

—¿Qué hay en el cuadrado?
—**En el cuadrado hay cuatro ratones.**

1. ¿Cuántos loros hay?

2. ¿Hay cinco canarios en el triángulo?

3. ¿De qué color son los flamencos?

4. ¿Es rojo el loro?

5. ¿Cuáles son los animales amarillos?

6. ¿Qué hay en el círculo?

7. ¿Son blancos los ratones?

8. ¿Cuántos animales hay?

Esta iguana es de las islas Galápagos, Ecuador.

Your parents have lots of questions for you about your new classes.

PARTNER A: Play the parent. Ask the question.
PARTNER B: Answer the question according to the picture.

—¿En qué clase estudias los animales?
—**Estudio los animales en la clase de ciencias.**

1. ¿En qué clase usas el globo?

2. ¿Qué haces en la clase de educación física?

3. ¿Qué haces en la clase de música?

4. ¿En qué clase pintas?

5. ¿En qué clase nadas?

6. ¿En qué clase escribes los números?

F. Everybody's talking about the new classroom you're in this year. Use the words you see to make a sentence that describes it. Be sure the descriptive word matches the word you're using it with.

> La cesta / pequeño
> **La cesta es pequeña.**
>
> Los pupitres / pequeño
> **Los pupitres son pequeños.**

1. el mapa / grande

2. los bolígrafos del profesor / largo

3. las ventanas / alto

4. las paredes / amarillo

5. los lápices de Susana / corto

6. la mesa del profesor / largo

7. la pizarra / negro

8. mi libro de geografía / interesante

9. la regla de Jaime / rojo

10. la profesora / grande

¿Cuántos nadadores hay?

ENTRE AMIGOS

Play "Alphabet Brainstorm"!

On this page, you see the Spanish alphabet. Your group's job is to think of words you've learned that begin with each letter of the alphabet. The trick is that you can't use any books, notes, or dictionaries!

Copy down the Spanish alphabet for your group. Leave enough room around each letter to write a few words.

Your teacher will time you for five minutes. Think of words that begin with each letter and write them near the letter.

The maximum number of words you and your group can write for each letter is five. Each correctly spelled word scores one point for your team.

Some letters are harder than others, and there will be some that you don't know any words for. Do the easier ones first.

Total up your group's points. Which group is the class champion?

G. This year the students are changing classrooms. Everyone's wondering where to go next. Answer the questions according to the pictures.

—¿Adónde va Miguel?
—**Miguel va a la clase de computadoras.**

1. ¿Adónde vas?

2. ¿Adónde voy ahora?

3. ¿Adónde va Juanita?

4. Paulo, ¿adónde vas?

5. ¿Adónde va Sergio?

6. ¿Adónde voy ahora?

H. It's change-of-class time again. The hallways are full of conversations, including the one you and a friend are having.

PARTNER A: Ask where a person is going.
PARTNER B: Say what the person is going to do.
PARTNER A: Ask if the person likes to do that.
PARTNER B: Give an affirmative answer.

Elena / la clase de computadoras / usar la computadora

—¿Elena va a la clase de computadoras?
—Sí. Va a usar la computadora.
—¿Le gusta usar la computadora?
—Sí. Usa mucho la computadora.

1. Tú / la clase de arte / pintar

2. Gustavo / la clase de música / cantar

3. Tina / el gimnasio / practicar deportes

4. Tú / la biblioteca / estudiar

5. Enrique / el parque / nadar

6. Tú / el parque / caminar

7. Cecilia / la casa de Julia / bailar

1. It's Sunday, and you and your brothers and sisters still haven't done your homework. Your parents aren't very happy about it. You were all going to do something else, but your mom and dad have a different idea!

PARTNER A: You're the parent. Tell your child that someone isn't going to do something.

PARTNER B: Ask what that person is going to do instead.

PARTNER A: Answer with the indicated phrase.

Tu hermano / bailar / estudiar español

—**Tu hermano no va a bailar.**
—**¿Qué va a hacer, Mamá?**
—**Va a estudiar español.**

1. Tú / patinar / estudiar inglés

2. Tu hermana / nadar / aprender la lección de ciencias

3. Tú / usar la computadora / leer los libros

4. Marco / cantar / ir a la biblioteca

5. Felipe / ir a la casa de Andrés / estudiar matemáticas

6. Tú / hablar con tu amigo / escribir en tu cuaderno

7. Guillermo / caminar al parque / trabajar

¿Dónde te gusta estudiar?

J. As you get to know new classmates, you find out that they all have different likes and dislikes.

PARTNER A: For each pair, ask your partner to choose the one he or she likes better.

PARTNER B: Answer as you like.

un loro rojo / un loro azul	—¿Cuál te gusta, el loro rojo o el loro azul? —Me gusta el loro rojo.

1. una clase fácil / una clase difícil

2. un flamenco blanco / un flamenco rosado

3. un lápiz corto / un lápiz largo

4. un profesor divertido / un profesor fantástico

5. un cine grande / un cine pequeño

6. un oso negro / un oso marrón

7. un libro interesante / un libro aburrido

8. una mariposa gris / una mariposa morada

 K. You want to know how your classmates spend their time and what things they like or don't like. Take turns asking and answering the questions.

1. ¿A qué hora vas a la escuela?

2. ¿Cuántas clases tienes?

3. ¿Cuál es tu clase favorita?

4. ¿Cómo es tu clase favorita?

5. ¿Siempre comprendes las matemáticas?

6. ¿Te gusta la clase de ciencias sociales?

7. ¿Lees mucho en la biblioteca?

L. You're cleaning out your desk at home, and what do you find? This homework assignment from last year's Spanish class! Do you still know how to do it?

Put the right ending on the word in parentheses and fill in the blank.

Yo _____ bien. (bailar)
Yo bailo bien.

1. Pobre Alfredo. Él _____ mal. (cantar)

2. Sr. Alonso, ¡usted _____ muy bien! (patinar)

3. ¿Ella _____ a la escuela? (caminar)

4. David, ¿ _____ matemáticas en la escuela? (estudiar)

5. ¿Quién _____ en la clase de arte? (pintar)

6. Zelda, ¿tú _____ los deportes? (practicar)

7. Yo _____ mucho en el verano. (nadar)

8. ¡Tú _____ muy bien! (bailar)

9. Él _____ la computadora a las ocho. (usar)

10. Ella no _____ los deportes. (practicar)

Miami, Florida. A ella le gusta bailar.

ENTRE AMIGOS

 A group of students from Uruguay is visiting your school. They have a lot of questions about local weather and seasons.

Choose one month from three of the seasons to tell them about. Write your descriptions. Here are some words and expressions you could use.

Las estaciones	Los meses	El tiempo	Otras expresiones
el invierno	enero	Hace sol.	siempre
la primavera	febrero	Hace calor.	nunca
el verano	marzo	Hace frío.	a veces
el otoño	abril	Hace fresco.	mucho
	mayo	Hace viento.	poco *(a little)*
	junio	Hace buen tiempo.	
	julio	Está nublado.	
	agosto	Nieva.	
	septiembre	Llueve.	
	octubre		
	noviembre		
	diciembre		

And here's an example of what you might say:

> **Enero es un mes de invierno. Hace mucho frío y nieva. A veces está nublado. A veces llueve. Nunca hace calor. Hace mal tiempo.**

Your teacher will name months of the year. If you wrote about one of the months your teacher names, volunteer to read your description to the class.

M. Francisco's friends all seem to be out of sorts today. They answer his questions using the picture clues.

—Pedro, ¿qué tiene Carlota?
—**Carlota tiene sed.**

1. Luis, ¿qué tienes?

2. Alberto, ¿qué tienes?

3. Carolina, ¿qué tienes?

4. Muchachos, ¿qué tiene Ana?

5. Felipe, ¿qué tienes?

N. You're telling a friend about your family and about the ages of some family members.

Mi prima Mayte / 16
Mi prima Mayte tiene dieciséis años.

1. Mi hermanito Claudio / 5

2. Yo / 12

3. Tú / 11

4. La bisabuela / 84

5. Mi tía María / 23

6. Su hija Estela / 1

Ñ. Take a look at Roberto's schedule. Does it remind you of your own? Answer the questions according to the pictures.

—¿Qué hace Roberto a las cuatro y cinco de la tarde?
—**Estudia y escribe en casa.**

1. ¿A qué hora lee en la biblioteca?

2. ¿Cuándo va a la escuela?

3. ¿Qué hace a las nueve y cuarto de la mañana?

4. ¿Qué hace a las seis y veinte de la tarde?

5. ¿A qué hora va a su casa?

6. ¿A qué hora es su clase de ciencias?

7. ¿Cuándo estudia Roberto las matemáticas?

8. ¿A qué hora estudia en la casa?

ENTRE AMIGOS

 Get in a group with two or three classmates. Write a set of cards with these words on them (one to a card):

la mamá	la hija	la hermana
el papá	el hijo	el hermano

Now write a second set of cards with these words:

la mamá	el tío
el papá	la tía

Put the two sets of cards in two piles. Draw a card from pile 1—for example, **la hermana**. Show it to the group.

Then draw a card from pile 2—for example, **la mamá**. Now put the two words into a sentence stating the relationship:

La hermana de la mamá es….

Does your group know the answer? It's **la tía.** Return the two cards to the bottom of the piles, and it's the next classmate's turn. What combinations are you going to come up with?

¿Qué celebra esta familia?

O. **¡Pobre Esteban!** *(Poor Stephen!)* He wrote some paragraphs for school, but lost them. Help him rewrite his homework. Read his notes, then choose the best phrase to complete the last sentence.

Sarita siempre tiene sueño a las dos de la tarde. Ella aprende las matemáticas a las dos. No le gusta la clase. La clase...

    a. es muy interesante.
    b. es muy divertida.
    c. es muy aburrida.   **c: es muy aburrida.**

1. El señor Silva tiene una casa grande. Siempre hay hombres, mujeres, muchachos y muchachas en la casa. Tiene su bisabuelo, sus papás, su hermano, sus cuatro hijas y sus cinco hijos. El señor Silva...

    a. tiene un gimnasio en la casa.
    b. tiene una familia pequeña.
    c. tiene una familia grande.

2. Berta no tiene suerte. Berta va a ir a la casa de su amiga Amalia. A Berta no le gustan los animales. A Amalia le gustan mucho. La amiga...

    a. tiene cuarenta cuadernos rosados.
    b. tiene dos hermanos y un hermano.
    c. tiene tres gatos, siete loros y diez peces.

3. Simón no tiene hambre. Le duele la cabeza. También tiene sueño. ¡Pobre Simón! Él...

    a. tiene la gripe.
    b. tiene miedo.
    c. tiene suerte.

P. Jorge, a new student, wants to find out what different people like and don't like. Answer his questions according to the word in parentheses.

—¿A Lupe le gusta el arte? (no)
—**No, a Lupe no le gusta el arte.**

1. ¿A Diego le gustan las matemáticas? (sí)

2. ¿A Paula le gusta el gimnasio? (sí)

3. ¿A Samuel le gustan las ciencias? (no)

4. ¿A Rosa le gustan las computadoras? (sí)

5. ¿A Donaldo le gusta el fútbol? (no)

¡A Susana le gusta jugar al tenis!

ENTRE AMIGOS

 With this sentence code grid, you can make normal sentences, and even wild and crazy ones!

Use the letters across the top and the numbers down the side to identify a square. For example, the square A1 is the word **yo**. Put that with squares D1 and C6, and you get A1 – D1 – C6, or **Yo leo un libro.**

	A	B	C	D	E
1	yo	muy bien	nunca	leer	mucho
2	aprender	muy interesante	escribir	la tienda	Sr./Sra. *(your teacher's name)*
3	ella	él	la casa de mi amigo	no	muy mal
4	mi perro	en	ser	terrible	a veces
5	la escuela	tú	un cuaderno	usted	estudiar
6	la clase de español	ir	un libro	el cine	muy divertido

Write code sentences, then get together with two or three classmates to see if they can figure them out! Include all the parts you need, and don't forget that some words will change form when you use them. It's fun, and at the same time,

B5 - A2 - E1!

El cuerpo y sus partes

Your body is amazing, isn't it? All those different parts work together so well, day after day...

But sometimes something hurts, or you're sick. Even then, some rest or a little medicine should make you as good as new.

In this unit, you'll learn to:

- Name parts of your body
- Name parts of your head and face
- Tell people what hurts you

¿Cómo son la madre y las hijas?

Un señor de
Todos Santos,
Guatemala

¿Sabes que...?

- In some places adults will pull your ear on your birthday, one pull for every year of your age.

- If a Spanish-speaking person taps on his elbow when talking about someone, it means the person doesn't like to spend money.

- In Spanish, you can say the word *¡Ojo!* ("eye") to mean "Be careful" or "Watch out!"

¡HABLEMOS!

¿Cuáles son las partes del cuerpo?

—El brazo es una parte del cuerpo.

—Sí. Correcto.

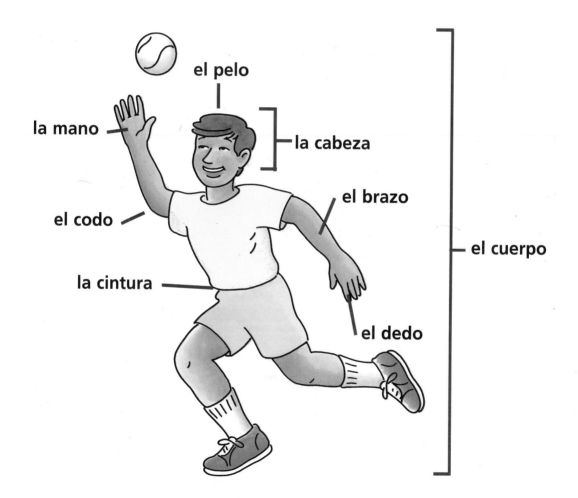

el pelo

la mano

la cabeza

el brazo

el codo

el cuerpo

la cintura

el dedo

—¿Vas a practicar el fútbol?

—No, no voy a practicar.

—¿Por qué no?

—Porque me duele el tobillo.

el cuello

la espalda

el hombro

la rodilla

la pierna

el tobillo

el pie

¡Así es...

Ouch!! Is that what you say when you hurt yourself? If a Spanish-speaking person gets hurt—for example, stubs a toe or closes a finger in a door—he or she is likely to say, *¡Ay!*

PRACTIQUEMOS

You're teaching your little brother Diego the parts of the body. He knows his numbers well, but he's sure having trouble with the rest! Answer his questions.

PARTNER A: You're Diego. Ask the question.
PARTNER B: Look at the body part the number is connected to, then answer Diego's question.

—Número uno. ¿Es la espalda?
—**No. El número uno es la cabeza.**

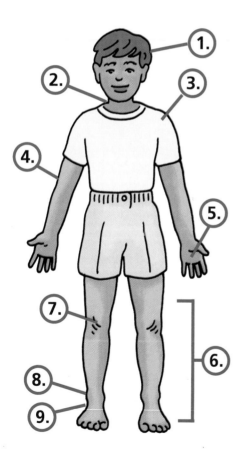

1. Número uno. ¿Es la cintura?

2. Número dos. ¿Es el tobillo?

3. Número tres. ¿Es la rodilla?

4. Número cuatro. ¿Es el hombro?

5. Número cinco. ¿Es el dedo?

6. Número seis. ¿Es el brazo?

7. Número siete. ¿Es el codo?

8. Número ocho. ¿Es la mano?

9. Número nueve. ¿Es la pierna?

ENTRE AMIGOS

Play a guessing game in a group. Take turns being the leader. The leader gets five turns asking the rest of the group to guess which part of the body he or she is touching. Go around your group twice, so each student is the leader twice.

The leader asks, for example, **¿Qué toco yo?**, as he or she is touching a part of the body—for example, the nose. The first person to answer correctly **(la nariz)** gets a point.

See how fast you can play the game! The student with the highest number of points after the two rounds wins.

¿Cuáles partes del cuerpo
usas para jugar al fútbol?

¡HABLEMOS!

¿Qué parte de la cara es ésta?

—¿Qué parte de la cara es ésta?

—Es la frente, por supuesto.

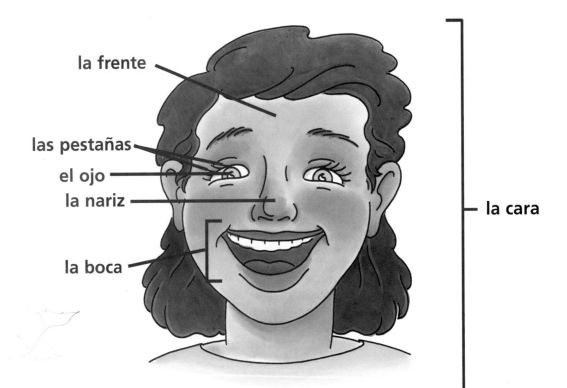

la frente

las pestañas

el ojo

la nariz

la boca

la cara

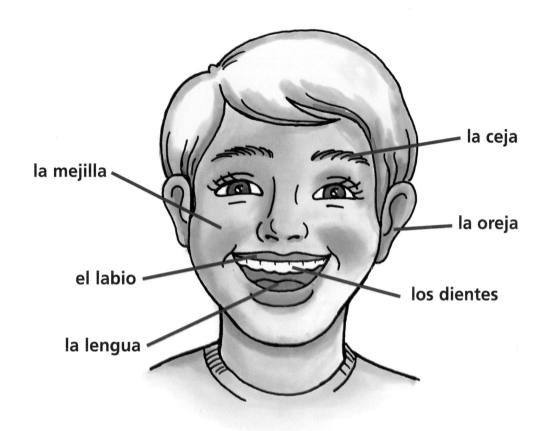

la ceja

la mejilla

la oreja

el labio

los dientes

la lengua

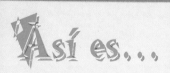 **Así es...** In English, if something is very expensive you can say, "It costs an arm and a leg." In Spanish, you'd say *Cuesta un ojo de la cara.* Spanish has many other expressions that talk about parts of the body. Here's another one:

...los ojos más grandes que la boca.
...eyes bigger than the stomach.

Can you see any differences between the two versions?

PRACTIQUEMOS

A. Your class is practicing talking about the parts of the face. Different students are going up to the picture on the board and pointing out a different part.

PARTNER A: Ask who is touching what.
PARTNER B: Look at the pictures and answer.

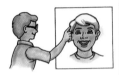

—¿Quién toca el pelo?
—Jorge toca el pelo.

Jorge

1. Rosa

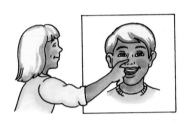

2. Rebeca

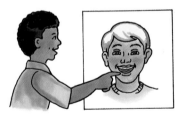

3. Ernesto

4. Nora

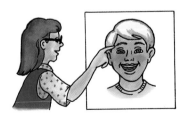

5. Sol

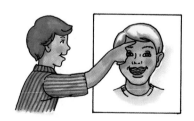

6. Tomás

B. Would you say that this is an interesting face? Talk about it with a partner. Use the questions to help you describe it.

1. ¿Cómo es la nariz?

2. ¿Son grandes o pequeñas las orejas?

3. ¿Son largos los labios?

4. ¿Tiene cejas?

5. ¿Hay dientes en la boca?

6. ¿Cuántos ojos tiene la cara?

ENTRE AMIGOS

How good are you at describing a face? Clip three pictures of faces from old magazines. Try to find faces that are very different from one another. Write a description of only one of them. Say as much as you can. Answer questions like those in Exercise B to help you.

Paste your three faces onto a piece of construction paper. Leave enough room to neatly copy your description.

Now trade papers with a partner. Which of the three faces is your partner describing? How do you know? Talk about the other faces.

When you're all through, make a class collage of the descriptions on the bulletin board.

Máscara de la cultura chimú, Lima, Perú

¿Cómo lo dices?

Talking about what hurts

Look at these pictures and sentences. They show you how to talk about things hurting you and others.

Me duele la cabeza.

¿Te duele la cabeza?

¿Le duele la cabeza?

Me duelen los pies.

¿Te duelen los pies?

Le duelen los pies.

To talk about what hurts, you use the verb **doler.** When you want to say that something hurts you, use **me duele.** If more than one thing hurts, such as both of your feet, use **me duelen.**

When you're asking someone else if something hurts them, use **te duele.** If you think more than one thing is hurting them, use **te duelen.**

When you're talking about someone else, use **le duele** or **le duelen.**

But what if you want to say exactly who it is you're talking about? Look at these sentences:

A Carlos le duelen los dedos.
A la señora le duele la espalda.

A similar thing happens when you're talking to a grown-up or someone you don't know very well. You would use the word **usted,** like this:

Señor, **¿a usted** le duele la cabeza?

Notice that you must use the word **a** before a person's name or the words that identify him or her, including **usted.**

¿Qué le duele a esta muchacha?

In English, body parts belong to people. So we say *"My* tooth hurts," or "Does *your* elbow hurt?"

In Spanish, however, you say *"The* tooth hurts me" *(Me duele el diente),* or "Does *the* elbow hurt you?" *(¿Te duele el codo?).*

A. Lupe had a bad fall off her bicycle. You're trying to find out what hurts her, so you ask a lot of questions. Make sure you use the words in parentheses that go with **te duele** or **te duelen.**

¿Te duelen _____ (el dedo, los dedos)?
¿Te duelen los dedos?

1. ¿Te duele _____ (la rodilla, las rodillas)?
2. ¿Te duelen _____ (la oreja, las orejas)?
3. ¿Te duelen _____ (la mano, las manos)?
4. ¿Te duele _____ (el tobillo, los tobillos)?
5. ¿Te duelen _____ (el codo, los codos)?

B. You're at the nurse's office. The nurse is asking you what hurts.

PARTNER A: You're the nurse. Use the clue to ask the question.

PARTNER B: Use the second clue to answer the nurse's question.

¿la mano? (no) —¿Te duele la mano?
                —No, no me duele la mano.

1. ¿los pies? (sí)   4. ¿los dedos? (no)
2. ¿las rodillas? (sí)   5. ¿la espalda? (no)
3. ¿la oreja? (no)   6. ¿el cuello? (sí)

C. Your parents' friends are having all sorts of problems. Use the pictures as you ask these adults what hurts them.

PARTNER A:	Ask if the body part labeled "a" hurts the person.
PARTNER B:	Answer yes, and say that the other parts that are labeled hurt, too.

—Señora, ¿a usted le duele el pie?
—Sí. Y me duelen también el codo y la rodilla.

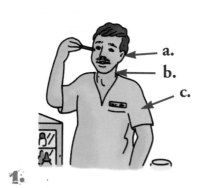

1.

2.

3.

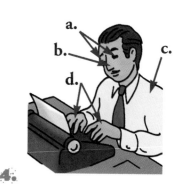

4.

D. Your class is practicing an emergency drill. Everyone has a pretend injury. You're in charge of reporting injuries.

PARTNER A: Ask what's wrong with the different people.

PARTNER B: Use the words in parentheses to answer.

—¿Qué le duele a María?
(el diente) —**A María le duele el diente.**

1. ¿Qué le duele a David?
(los pies)

2. ¿Qué le duele a Berta?
(la espalda)

3. ¿Qué le duele a Manuel?
(las piernas)

4. ¿Qué le duele a Sarita?
(la mano)

5. ¿Qué le duele a Pancho?
(el tobillo)

6. ¿Qué le duele a Paula?
(los hombros)

¿Qué hace la doctora?

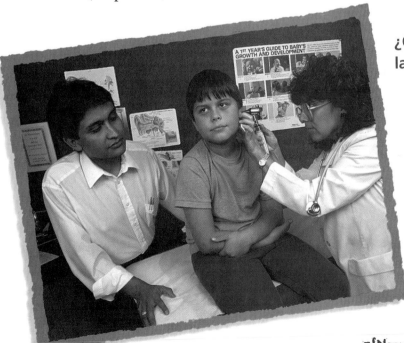

¿Te duele la rodilla?

ENTRE AMIGOS

Sit in a circle with six or seven classmates. Face outward, so you can't see each other. Blindfolds work even better.

Choose two group members to stand inside the circle. One is a "bellyacher," who silently acts out the pain. The other is a "caretaker," who makes sure that the students guessing don't peek and that the bellyacher doesn't change the pain.

Each group member gets two chances to guess what the bellyacher's pain is. They ask the caretaker questions such as: **¿Le duele el codo?** or **¿Le duelen los pies?**

If group members can't guess the pain, they end the round by asking the caretaker: **¿Qué le duele a (Susana)?** The caretaker answers, and the others can turn around and look. Continue the game by naming new caretakers and bellyachers.

¡A divertirnos!

An intergalactic spaceship has crashed in the woods behind your house, and the alien pilot is hurt!

You're on the phone with NASA. They want to know what the space alien looks like and what it is that hurts him...or her...or...IT!

Sit back-to-back with a partner, so you can't see each other.

PARTNER A: You're the responsible earthling. Your job is to describe the alien lifeform to NASA and tell them what's wrong with it—in Spanish.

PARTNER B: You work for NASA. Your job is to draw a picture of the alien lifeform and its injury for the secret NASA files. Base your drawing only on what your partner tells you.

When you're finished, turn around. See how well the NASA person drew what the responsible earthling described. Talk about what's right and what isn't.

¿Qué ropa llevas?

What are you wearing today? What are your friends wearing? What shoes are "in" this season?

Deciding what clothes to wear is important to kids all over the world. Kids in Spanish-speaking countries usually wear the same types of clothing you do, but sometimes they dress differently. For example, on holidays they may dress up in traditional clothing that goes back many centuries.

In this unit, you're going to:

● Describe clothing that people wear

● Talk about how your clothes look and fit

● Tell to whom things belong

● Learn about traditional clothing in Spanish-speaking countries

¿Están de moda estos muchachos?

Esta señora lleva su
niñito en su rebozo.

¿Sabes que...?

In Spanish-speaking countries:

● It's common in many places to see
people dressed in the traditional
clothes of their cultures next to
people dressed in the latest fashions.

● Clothing changes with the seasons,
just as in the U.S. People wear a
variety of lighter and heavier clothes.

● People shop for their clothes in all
sorts of places, from department
stores to open-air markets.

¿Qué ropa lleva este
gaucho argentino?

¡HABLEMOS!

¿Qué llevas?

—¿Qué ropa llevas hoy?
—Llevo un suéter y una falda.

el suéter

el abrigo

la blusa

la falda

el vestido

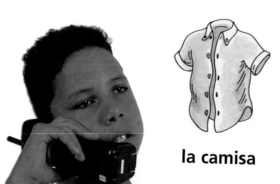

la camisa

los pantalones

—¿Qué vas a llevar a la fiesta el sábado?

—Voy a llevar una camiseta y unos pantalones.

la camiseta

los calcetines

la chaqueta

Un huipil guatemalteco

los zapatos

las botas

Así es... Traditional clothes can often tell a lot about the person wearing them. In Guatemala, for example, you will find some of the most beautiful traditional clothing in the world, with bright colors and unique designs. The designs and patterns on a Guatemalan *huipil* (a woman's hand-woven blouse) can tell you the town it is from, and sometimes even if the person who made it is married and has children.

PRACTIQUEMOS

A friend is on the phone asking you what different people are going to wear to school tomorrow. Tell her what you know.

María

María va a llevar una falda.

1. Javier

2. Inés

3. Olga

4. Carlos

5. Sara

6. Eduardo

7. Luis

8. Berta

9. Mario

10. Paula

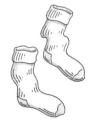

11. Guillermo

ENTRE AMIGOS

Bring some extra articles of your parents' old clothing to school. Now would be a good opportunity to use that brightly colored shirt or those wild pants your dad never wears! Make sure your parents approve.

Put your clothes into a large pile, along with those your classmates brought. One person starts by picking clothes from the pile. He or she puts them on over his or her other clothes, then goes to the front of the class.

Your teacher will pick a second student, who has to describe what the person is wearing, like this:

> **Llevas unas botas grandes, un vestido largo y una camisa azul.**

Keep taking turns until your teacher says to stop.

Un mercado al aire libre en Ecuador

¡HABLEMOS!

¿Qué vas a comprar?

—¿Qué ropa vas a comprar?

—Voy a comprar un traje de baño.

comprar

la bata

el pijama

las medias

el sombrero

el traje de baño

el impermeable

la gorra

—¿Cómo te queda el suéter grande?

—Me queda bien. OR Me queda mal.

grande

mediano

pequeño

—¿Cómo es el vestido?

—Es feo. OR Es bonito.

feo

bonito

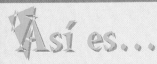

Así es... One of the fun things about shopping in markets in Latin America is that the salespeople will usually bargain with you. If you ask how much something costs, they'll give you a price higher than they think you'll pay. It's up to you to offer to pay a lower price. Then the fun really starts! How good a bargainer do you think you would be?

PRACTIQUEMOS

A. You and a friend are going shopping at a clothing store today. Answer your friend's question: **¿Qué vas a comprar en la tienda?**

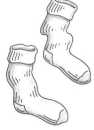

Voy a comprar unos calcetines.

1.

2.

3.

4.

5.

6.

7.

8.

9.

B. Your mother bought you some clothes. You've tried them on, and now she's asking you about them.

PARTNER A: Ask the question.
PARTNER B: Answer according to the picture.

—¿Es grande o mediana la camiseta?
—**Es mediana.**

1. ¿Es grande el suéter?

2. ¿Es bonita o fea la chaqueta?

3. ¿Te quedan bien los pantalones medianos?

4. ¿Cómo es la bata?

5. ¿Cómo es la camisa?

Entre Amigos

You and a friend are going shopping for some clothes. You must tell your friend three things you're going to buy. Make sure you describe the articles. Then your friend will tell you three things he or she will buy.

¿Cómo lo dices?

Talking about how clothes look

Here's how you talk about how clothes look and fit.

Me **queda** bien la falda.

Te **queda** pequeña la camisa.

A ella le **queda** largo el vestido.

Me **quedan** grandes los zapatos.

Te **quedan** bien los pantalones.

A él le **quedan** mal los calcetines.

If something fits you well, use **bien.** If it fits you badly, use **mal.** These words stay the same in all cases.

Some other words you can use to talk about how things fit are **grande, pequeño, pequeña, corto, corta, largo,** and **larga.** Remember, **grande** only changes in the plural, when it adds an **-s.** Use **pequeño, corto,** and **largo** to describe items that use **el.** Use **pequeña, corta,** and **larga** to describe items that use **la.** All of these words add an **-s** in the plural.

PRACTIQUEMOS

A. As your sister tries things on at your favorite clothing store, you're explaining to the clerk how they fit.

> El traje de baño le _____ pequeño.
> **El traje de baño le queda pequeño.**

1. La camisa le _____ larga.

2. Las botas le _____ grandes.

3. Los zapatos le _____ bien.

4. El sombrero le _____ grande.

5. Los calcetines le _____ mal.

6. La chaqueta le _____ grande.

7. Los pantalones le _____ cortos.

8. La falda le _____ larga.

B. Now you've gone shopping with some friends. They keep asking your opinion of how things look.

PARTNER A: Ask how the items fit you.
PARTNER B: Play the roles of all the friends. Answer **bien** or **mal** according to the picture.

> Luis: —¿Cómo me queda la camisa?
> —Te queda bien la camisa, Luis.

Luis   **Ana**   **Jorge**   **Mario**   **Sara**   **Pepe**

1. Ana: ¿Cómo me quedan las medias?

2. Jorge: ¿Cómo me quedan los pantalones?

3. Mario: ¿Cómo me queda el sombrero?

4. Sara: ¿Cómo me queda el impermeable?

5. Pepe: ¿Cómo me quedan los zapatos?

C. You're trying on different clothes to wear to a party. You ask a friend how they look.

PARTNER A: Ask your friend if the item fits well.
PARTNER B: Answer according to the word provided.

el suéter / corto
—¿Me queda bien el suéter?
—No, te queda corto.

1. la camiseta / pequeño
2. las botas / grande
3. la blusa / pequeño
4. la camisa / largo
5. el abrigo / largo
6. los pantalones / corto

ENTRE AMIGOS

Get together with classmates and make up a short skit about a shopping trip to a mall. One person plays the clerk (**el dependiente**). The others play shoppers (**los clientes**).

If you are a customer, say what you are going to buy. Ask the clerk if he or she has any of the items you want, in the colors you want. "Try things on" and ask your friends how they look, and whether they like them. If you are the clerk, ask the customers what they are going to buy. Give your opinion of how things look.

—¿Qué vas a comprar?
—Voy a comprar una camiseta roja.
　　—¿Cómo te queda?
　　—Me queda bien.
—¿Cuáles te gustan, los pantalones grises o los pantalones marrones?
—Me gustan los marrones.

¿Cómo lo dices?

Whose is it?

Study these pictures and sentences. What word is used to show who owns something?

Es el suéter **de** Enrique.

Son los vestidos **de** Carmen.

Es el libro **del** alumno.

Son los libros **del** profesor.

Es la regla **de** la alumna.

Son las reglas **de** la profesora.

In Spanish, you use the word **de** to show ownership of an item or items. If **de** is followed by an **el,** the words combine to form the word **del.**

You can also say that something belongs to someone else without mentioning the person's name.

Es **de ella.**   Es **de él.**   Es **de usted.**

In English, we would say "It's hers" or "It's his" or "It's yours."

Now look at these examples to see how to ask to whom an item or items belong. What is different in the two examples?

—**¿De quién** es el libro?   —**¿De quiénes** son los abrigos?
—Es de la alumna.   —Son de los alumnos.

If you think something belongs to one person, you ask **¿De quién es…?** If you think different things belong to more than one person, you ask **¿De quiénes son…?**

¿Qué compra la señorita?

¡ÚSALO!

A. The school secretary found some items in the cafeteria. She's asking who they belong to.

PARTNER A: You're the secretary. Ask who the item belongs to.

PARTNER B: Answer according to the words in parentheses.

—¿De quién son los lápices?   (la señora Vargas)
—Son de la señora Vargas.

1. ¿De quién es la gorra?   (Isabel)

2. ¿De quién son los suéteres?   (el señor Palmas)

3. ¿De quién es el libro?   (la profesora)

4. ¿De quién es la camiseta?   (Lidia)

5. ¿De quién son los bolígrafos?   (Hector)

6. ¿De quiénes son las botas?   (las alumnas)

7. ¿De quién es el abrigo?   (el profesor)

8. ¿De quiénes son los cuadernos?   (los alumnos)

B. You spent the weekend with some of your friends and now that it's time to pack, you realize everybody's things are mixed up. Ask who they belong to.

el impermeable   **¿De quién es el impermeable?**

1. el traje de baño verde   **5.** el abrigo azul

2. las botas grandes   **6.** el suéter pequeño

3. el pijama mediano   **7.** los pantalones negros

4. las camisetas bonitas   **8.** los calcetines feos

De compras en Cancún, México.

ENTRE AMIGOS

 Everybody in the class should put something in a "lost-and-found" bag. It can be an article of clothing or some school item like a notebook or pen.

One student picks an item belonging to someone else from the bag and asks who it belongs to: **¿De quién es (el suéter)?**

If someone tells them whose sweater it is **(Es de Alicia),** the student then hides the sweater, and asks Alicia questions to find out if it's hers:

> **Alicia, ¿de qué color es tu suéter? ¿Cómo es?**
> **¿Es grande o pequeño? ¿Es bonito o feo?**

After Alicia answers the questions, the student shows her the sweater and asks, **Alicia, ¿es tu suéter?** Alicia will answer truthfully.

Take turns. See how quickly you can play the game.

¡A divertirnos!

Look through magazines or books for pictures of traditional outfits that people wear either on special occasions in a Spanish-speaking country or for everyday wear.

Get together with a partner and draw the different articles of clothing on plain pieces of paper. Then color them in using colored pencils. Cut the clothes out, then paste them onto cardboard or construction paper, organized according to the way people would wear them.

Be prepared to describe for the class the different articles you and your partner drew, and the country where they are worn. You could even make a wall display of the different drawings.

UNIDAD 3

¿Cómo eres tú?

What do you look like? If someone asked you that question, what would you say?

And what about your personality? Can you describe it? Sometimes that's a really hard thing to do.

In this unit, you'll learn to:

- Talk about what you and others look like

- Talk about your personality and other people's

- Compare two people, places, or things

Todos son distintos.

¿Son hermanos
estos muchachos?

¿Sabes que...?

● As in the U.S., people have moved to Latin America from different countries all over the world.

● Spanish isn't the only language spoken in Latin America. For example, Portuguese is the language of Brazil.

● Many Latin Americans speak the languages their ancestors spoke before the Europeans came. One important example is the Quechua language spoken in South America.

Un festival latino en
San Francisco, California

¡HABLEMOS!

¿Cómo son?

—¿Cómo son tus hermanos, Javier?

—Mi hermana Marisol es alta y un poco delgada.
Mi hermano Fernando es bajo, pero es fuerte.

baja   débil   delgado

alta   fuerte   grueso

—¿Cómo es el pelo de tu prima?

—Es castaño y rizado.

rojizo

castaño

rubio

ondulado   rizado   lacio

PRACTIQUEMOS

A: You're showing a friend some snapshots you took last summer. Answer your friend's questions.

—¿Cómo es el señor Navarro?
—**El señor Navarro es fuerte.**

1. ¿Cómo es Juanito?

2. ¿Cómo es Diana?

3. ¿Cómo es Catalina?

4. ¿Cómo es la señora Navarro?

B. You and Jaime, a new student, are putting up a display of class photos. Jaime has to make the labels. He keeps asking you who everyone is.

PARTNER A: Ask the questions about each student.
PARTNER B: Use the pictures to answer the questions.

—¿Quién tiene el pelo lacio?
—**Pepe tiene el pelo lacio.**
—¿Quién tiene el pelo rizado?
—**Guillermo tiene el pelo rizado.**

1.

a. ¿Quién tiene el pelo rizado?
b. ¿Quién tiene el pelo ondulado?

2.

a. ¿Quién tiene el pelo ondulado?
b. ¿Quién tiene el pelo lacio?

3.

a. ¿Quién tiene el pelo rojizo?
b. ¿Quién tiene el pelo castaño?

4.

a. ¿Quién tiene el pelo negro?
b. ¿Quién tiene el pelo rubio?

5.

a. ¿Quién tiene los ojos azules?
b. ¿Quién tiene los ojos castaños?

6.

a. ¿Quién tiene el pelo rizado y los ojos verdes?
b. ¿Quién tiene el pelo lacio y los ojos castaños?

C. Think of a relative or someone else you know that you'd like to describe. Read these questions and write your answers on a piece of paper. Add a picture of the person.

1. ¿Cómo se llama la persona?
2. ¿De qué color es el pelo?
3. ¿Cómo es el pelo?
4. ¿De qué color son los ojos?
5. ¿Cómo es la persona?

ENTRE AMIGOS

 Will you and your classmates notice the same things about each other? Find out!

First work alone. Take a look around your class. Answer each question on the list with the name of a classmate who fits the description.

—¿Quién es alto?
—**Francisco es alto.**

Compare each answer with your classmates'. Did anyone answer with the same person? Keep track. How many different answers did the class give for each question?

1. ¿Quién tiene el pelo castaño?
2. ¿Quién tiene los ojos azules?
3. ¿Quién es alto?
4. ¿Quién tiene los ojos castaños?
5. ¿Quién tiene el pelo lacio?
6. ¿Quién tiene el pelo rubio?
7. ¿Quién tiene el pelo rizado?
8. ¿Quién es delgado?
9. ¿Quién tiene los ojos verdes?
10. ¿Quién tiene el pelo negro?

¡HABLEMOS!

¡Qué simpático eres tú!

—Manuel es muy simpático, ¿verdad?

—Sí, es muy simpático.

—¿Y tú? ¿Eres simpático también?

—Sí, soy simpático.

simpático

atlética

inteligente

tímido

—¡Qué impaciente eres tú!

—¿Yo? Yo no soy impaciente.

popular

impaciente

generoso

cómica

PRACTIQUEMOS

A. Miguel, a pen pal from Spain, is finally visiting you! You've brought him to school and he is asking questions about your friends.

—¿Cómo es Hernán?
—**Hernán es tímido.**

1. ¿Cómo es Consuelo?

2. ¿Cómo es Jaime?

3. ¿Cómo es Donaldo?

4. ¿Cómo es Mónica?

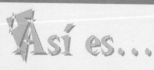

Así es... Many people believe that you can tell what a person is like by the friends he or she has. In English we say: *Birds of a feather flock together.* In Spanish we say: *Dime con quién andas y te diré quién eres.* (Tell me who you walk with and I'll tell you who you are.)

B. A friend is trying to tell you about some people he knows. Help him finish the descriptions. Think about what kind of person is being described, then choose a word from the list that fits the description.

generoso	tímido
impaciente	inteligente
atlético	cómico
popular	simpático

A Susana le gusta dar libros a sus amigos.
Ella es _____.

Ella es generosa.

1. Enrique tiene muchos amigos. A las personas les gusta mucho Enrique. Él es _____.

2. Eva estudia siempre. También aprende mucho. Ella es _____.

3. Benito va ahora. Tiene mucha prisa. Él es _____.

4. Linda siempre practica los deportes. Es muy fuerte. Ella es _____.

5. Raúl es un buen amigo. Siempre tiene tiempo para escuchar. Él es _____.

6. Alejandro tiene miedo de nadar. También tiene miedo de hablar con las personas. Él es _____.

ENTRE AMIGOS

Write the names of three different famous people on slips of paper. You can use movie and TV stars, sports stars, politicians, or people you've learned about in history—even comic book or cartoon characters.

Put all the names in a bag. Take turns drawing one name at a time. Say as much as you can about the person whose name you draw. For example:

Superman es popular y atlético.
No es cómico. No es tímido.

¿Cómo son estos niños?

¿Cómo lo dices?

Talking about yourself and others

Here's how you tell what people are like.

Él **es** fuerte.

Ella **es** fuerte también.

Usted **es** muy fuerte.

Ellos **son** fuertes.

Ellas **son** fuertes también.

You use **es** when you're talking about one person and **son** when you're talking about more than one person. You should remember these words because you have already been using them to tell time and to name people and things. **Es** and **son** come from the verb **ser.**

By the way, did you notice that **fuerte** added an **-s** when it referred to more than one person?

Now look at these sentences. What word do you use to say what you are like? What word do you use to tell a friend what he or she is like?

Soy atlético.

Soy atlética.

Tú **eres** atlético.

Tú **eres** atlética.

When you talk about yourself and what you are like, use **soy.** You use **eres** when you want to tell a friend what he or she is like. These words also come from the verb **ser.**

Notice that you use the word **atlético** to describe a boy. Use **atlética** to describe a girl.

You use words like **bajo, grueso, delgado, simpático, generoso, tímido,** and **cómico** the same way.

¡Úsalo!

A. Cristóbal has something to say about everyone. He's often very rude, too, and it gets him into trouble! Complete Cristóbal's sentences with **eres** or **son**.

> ¡Qué débil _____ tú!
> **¡Qué débil eres tú!**

1. Señora, ¡qué gruesa _____ usted!
2. ¡Qué inteligentes _____ Ángela y Laura!
3. ¡Qué cómico _____ Gregorio!
4. ¡Qué fuerte _____ tú!
5. Señor, ¡qué débil _____ usted!
6. ¡Qué bajos _____ Francisco y Guillermo!
7. ¡Qué alta _____ Esperanza!
8. ¡Qué grueso _____ Horacio!

B. Your new pen pal from Peru wants to know about you. Are you a boy or a girl? Choose the question that's right for you and write an answer.

> ¿Eres alto? / ¿Eres alta?
>
> BOY: **Sí, soy alto.** OR **No, no soy alto.**
> GIRL: **Sí, soy alta.** OR **No, no soy alta.**

1. ¿Eres un alumno bueno? / ¿Eres una alumna buena?
2. ¿Eres delgado? / ¿Eres delgada?
3. ¿Eres atlético? / ¿Eres atlética?
4. ¿Eres generoso? / ¿Eres generosa?

C. Talk about the people in this picture with a partner. One person asks a question, and the other answers. Make guesses about these people's personalities. Use these sample questions and make up your own.

1. ¿Cómo es el señor grande?

2. ¿Cuántas muchachas hay? ¿Cuántos muchachos?

3. ¿Cuántas personas tienen el pelo castaño?

4. ¿Son simpáticos los muchachos?

5. ¿Es alta o baja la señora del vestido blanco?

6. ¿Cuántos años tiene el muchacho de los pantalones azules?

¿Cómo son?

D. Write a description of yourself on a card. It should be about five sentences long. Don't write your name on it. Give it to your teacher. Here's an example.

> **Soy alto y un poco grueso. Tengo el pelo rojizo y rizado. Tengo los ojos azules. Soy inteligente, pero soy tímido tambíen. No soy atlético.**

Your teacher will give you a card to read aloud. Can you and the class guess who you are reading about?

ENTRE AMIGOS

With your partner, choose a favorite TV show. It should be about a family or a group of people who are often together.

Turn a piece of paper sideways and write the names of the characters (at least three) across the top edge. Below each name, write as many sentences as you can describing the character. Save the character's name for last.

Here's an example from *Star Trek: The Next Generation.*

> **Es un hombre.**
> **Es grueso y atlético.**
> **Tiene el pelo negro y lacio.**
> **Tiene la frente alta.**
> **Es inteligente y generoso.**
> **No es cómico.**
> **Es atlético.**
> **La persona se llama el Sr. Worf.**

Present your descriptions one by one to the class. Let them guess who the characters are before you tell them the names. Can they? Do they know what show you're talking about?

¿Cómo lo dices?

Making comparisons

Study these pictures and sentences. What words do you use to compare two people, places, or things?

Juan es alto. César es **más** alto **que** Juan.

Emilia es delgada. Carmen es **más** delgada **que** Emilia.

Mi gato es grande. Tu gato es **menos** grande **que** mi gato.

Mi abrigo es largo. Tu abrigo es **menos** largo **que** mi abrigo.

To give the idea of "more than" in Spanish—for example, "more impatient than" or "taller than"—use **más...que.**

To give the idea of "less than" use **menos...que.**

A. You and your friend are just back from summer camp.
You're comparing the kids and counselors you met there.

PARTNER A: Ask the question.

PARTNER B: Look at the picture and answer the
question using **más…que**.

Inés   Marta

—¿Es baja Inés?
—**Sí, es baja. Pero Marta es más baja que Inés.**

Anita   Ema

1. ¿Es delgada Ema?

Lupe   Pilar

2. ¿Es alta Pilar?

Luis   Alfredo

3. ¿Es grueso Alfredo?

David   Marcos

4. ¿Es bajo Marcos?

B. Now you're telling your mom about people at summer camp. She keeps asking questions about them. Use the pictures in Exercise A to answer her.

PARTNER A: You're the parent. Ask the question.
PARTNER B: Look at the picture and answer the questions using **menos...que.**

—Inés es más baja que Marta, ¿verdad?
—**No, Inés es menos baja que Marta.**

1. Ema es más delgada que Anita, ¿verdad?
2. Alfredo es más grueso que Luis, ¿verdad?
3. Pilar es más alta que Lupe, ¿verdad?
4. Marcos es más bajo que David, ¿verdad?

C. You and a friend are talking about the people you know. You can't agree on anything!

PARTNER A: Say the sentence.
PARTNER B: Disagree, then say a sentence that is the opposite of the one you hear.

—Guillermo es menos fuerte que Alberto.
—**No, Guillermo es más fuerte que Alberto.**

1. El pelo de Mateo es más rizado que el pelo de Sara.
2. El pelo de Diana es más lacio que el pelo de Jaime.
3. El pelo de Ramón es menos corto que el pelo de Sonia.
4. Ricardo es más débil que Armando.
5. Celia es menos impaciente que Olga.
6. Francisco es menos alto que Benito.
7. Saúl es menos simpático que Adela.
8. Mauricio es más fuerte que Rebeca.

ENTRE AMIGOS

Compare the things around you, or famous people you've heard of. One person starts by saying the name of a famous person, or perhaps of something in the classroom. A second person then calls out a second famous person's name (or a second object, if that's what the first person chose).

Everyone in class then has one minute to write a sentence comparing the two people or objects using **más...que** or **menos...que**. After everyone has finished, see how many people wrote the same thing. Are the comparisons correct?

Michael Jordan – Troy Aikman
Michael Jordan es menos fuerte que Troy Aikman.

el globo – el escritorio
El escritorio es más grande que el globo.

Santa Claus – Superman
Santa Claus es más generoso que Superman.

¿Qué muchacho es el más alto?

¡A divertirnos!

Get in a group of four or five classmates to play this matching game. Before you start, make two sets of cards with all the descriptive words you learned in this unit. Also make five cards each with **menos...que** and **más...que** on them.

Spread the word cards out face down on a desk. Then mix the **más / menos** cards, and put them face down in a pile.

One person starts by picking up two of the word cards from the desk. If they don't match, he or she puts them back face down in their original positions, and the turn passes to the next player. If they do match, that player then picks a card from the **más / menos** pile. He or she makes a sentence with the word on the two word cards and the comparison phrase on the other card.

If the other players agree that the sentence is correct, the player keeps the two word cards. Otherwise, they go back down on the table. Then it's the next player's turn.

Keep playing until there are no more word cards left on the table. The player with the most cards at the end is the winner.

¿Cómo es tu casa?

"Home" means different things to different people. When some people say "home," they think of a house. Others may think of an apartment.

What kind of place do you call "home"? How many rooms does it have? What makes it special?

In this unit, you'll learn to:

- Name the outside parts of a home

- Name the rooms of a home

- Talk about more than one person, place, or thing at a time

- Talk about where people, places, and things are

- See what people in different places call "home"

En casa con
la familia

¿De qué está hecha la casa?

¿Sabes que...?

● The word *casa* can mean both "house" and "home."

● Be careful at shower time. In many countries, the hot water is on the right, and the cold is on the left.

● It is common to see tall walls around houses in Latin America. Home life often is very private.

● When Spanish-speaking people want to make you feel at home, they say *Mi casa es tu casa.*

¡Qué buena vista!

¿Qué hay fuera de la casa?

—¿Cómo es tu casa?

—Bueno, mi casa es muy bonita.

—¿Tiene patio?

—¡Claro que sí!

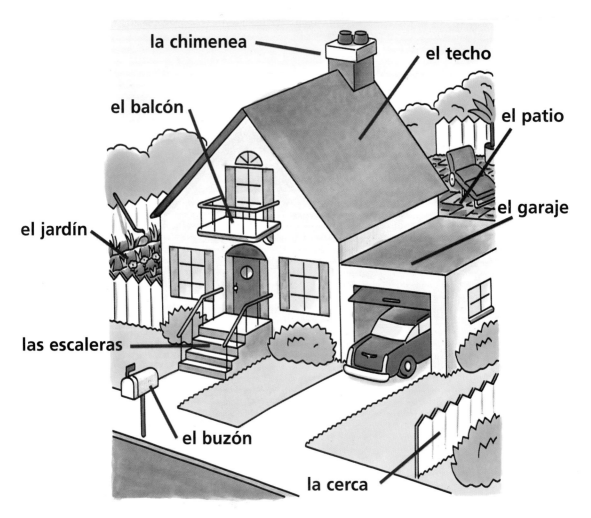

la chimenea

el techo

el balcón

el patio

el jardín

el garaje

las escaleras

el buzón

la cerca

¿Cuántos
balcones hay?

Esta casa tiene
un patio.

Así es...

Older houses in Spanish-speaking
countries often don't have front and
back yards. Instead, they have a
central *patio.* The different rooms in
the house open onto the *patio.*

PRACTIQUEMOS

You're describing your friend Ana's house to your parents. Look at the pictures. Complete each sentence with the part of the house you see.

Tiene un _____ gris.
Tiene un techo gris.

1. Tiene una _____.

2. No tiene _____.

3. Tiene un _____ pequeño.

4. No tiene _____.

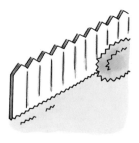

5. No tiene una _____ grande.

6. Tiene un _____.

ENTRE AMIGOS

 First draw and color the outside of your own house or apartment building **(apartamento).** Draw it big! Label the parts you've learned in this unit.

You also know some other Spanish words you can use for labels on your house. You can label the doors and windows, for example. Are there any other words you've learned that will work as labels?

Now form a group of four or five classmates. Show your pictures and point out the labels. Tell the group as much as you can about your house or building. Answer any questions they have about it. Be ready to ask them questions about their pictures.

Here are some sample questions you might ask each other:

¿Cuántas puertas tiene tu casa?
¿Cuál es el número de tu apartamento?
¿De qué color es el techo de tu casa?
¿Tu apartamento es grande o pequeño?
¿Tiene escaleras tu casa?

¡HABLEMOS!

¿Qué hay dentro de la casa?

—¿Cuántos cuartos tiene tu apartamento?
—Tiene seis.
—¿Es grande la cocina?
—No, es mediana. Pero es bonita.

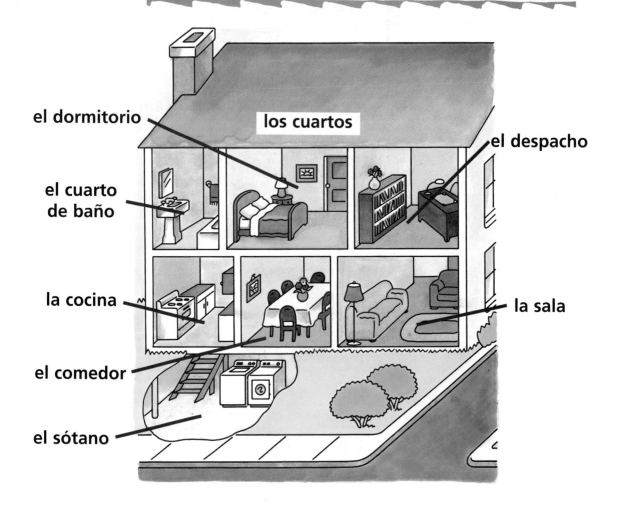

el dormitorio

los cuartos

el despacho

el cuarto
de baño

la cocina

la sala

el comedor

el sótano

—¿Dónde está el señor Gómez?

—Está dentro de la casa.

—¿Y su perro? ¿Dónde está?

—Está fuera de la casa.

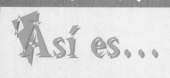 It used to be that most people in Latin American cities lived in small houses or in 2- or 3-story apartment buildings. But with millions of people moving into large cities over the last 50 years, high-rise apartment buildings have popped up all over Latin America.

PRACTIQUEMOS

A. Your family is looking for an apartment, and the rental company has sent a brochure with pictures. Look at the pictures and complete each sentence.

El apartamento no tiene _____.
El apartamento no tiene despacho.

1. Tiene una _____.

2. No tiene _____.

3. Tiene dos _____.

4. Tiene una _____.

5. Tiene dos _____.

6. No hay _____.

 B. Sometimes the García's house is like a zoo! It's hard to keep track of where the animals and people are! Help out.

PARTNER A: Ask where the person or animal is.
PARTNER B: Answer based on the picture.

el oso   —¿Dónde está el oso?
                —**El oso está fuera de la casa.**

José   —¿Dónde está José?
                —**José está dentro de la casa.**

1. el Sr. García   4. el perro
2. Tonio el tigre   5. la Sra. García
3. Luisa   6. Lenta la tortuga

C. Enrique has drawn a plan of his dream house. With a partner, write six questions about Enrique's house. The suggestions to the right of the floor plan will help you.

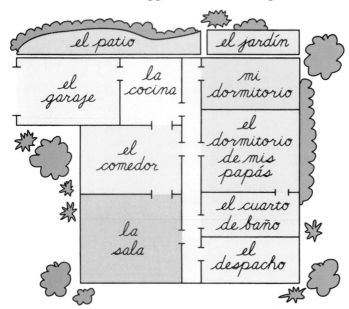

¿Cuántos…?
¿De qué color…?
¿Cómo es…?
¿Es…?
¿Son…?
¿Hay…?

Then join another pair of students. Take turns asking and answering your questions.

ENTRE AMIGOS

 It's your turn to plan your ideal house. Draw the floor plan of one or more floors. Use different colors for the various rooms. Be sure to label the rooms.

Then, in small groups, share your sketches. Ask each other questions about your ideal houses.

¿Cuántos dormitorios tiene tu casa?
¿Dónde está la chimenea?
¿Tienes un cuarto favorito? ¿Cuál es?
¿En qué cuarto estudias?
¿Cómo es tu dormitorio?

¿Cómo lo dices?

Talking about more than one person

Do you remember how to say "I," "you," "he," and "she"?

yo   tú   usted

él   ella

Ellos cruzan la calle juntos.

Now here are the words that mean "we," "you" (when there's more than one person), and "they."

| nosotros | nosotras | nosotros |

| ustedes | ustedes | ustedes |

| ellos | ellas | ellos |

Use **nosotros** and **ellos** when you're talking about more than one male, or when there's a mixed group of males and females. Use **nosotras** and **ellas** when talking about more than one female. **Ustedes** stays the same in all cases.

Elena, Tomás y yo = nosotros

Juan, Luis y yo (un muchacho) = nosotros

Anita, Ema y yo (una muchacha) = nosotras

¡Úsalo!

A. Your teacher is throwing a party for the class at her home. She's trying to find out where everyone is. Help answer her questions using **nosotros, nosotras, ellos,** or **ellas.**

—¿Quién está en la sala?
(Juan, Roberto y yo [Rogelio])

—**¡Nosotros!**

1. ¿Quién está en la cocina?
(Elena, Carlota y Ana)

2. ¿Quién está en el patio?
(Mari, Julia y yo [Alicia])

3. ¿Quién está en el balcón?
(Sr. Fonseca y Sra. Bolívar)

4. ¿Quién está en el comedor?
(Berta, Javier y yo [Eduardo])

5. ¿Quién está en el jardín?
(Samuel y Ricardo)

6. ¿Quién está en el sótano?
(Manuel, Raúl y yo [Paco])

B. Some adults and kids from Ecuador are visiting your school, and you want to try your Spanish. Which should you use to talk to the following people: **tú, usted,** or **ustedes?**

Raúl, Carlos y Mateo
Ustedes

1. Sra. Casas

2. Antonio y Sara

3. Sr. Beltrán

4. Esteban y Marcos

5. Carmen

6. Sr. Cueva y Juanita

7. Sr. y Sra. Juárez

8. Eugenia y Leonardo

¿Quién vive aquí?

ENTRE AMIGOS

Time for a round of "Think Fast!" Your teacher will have you and your classmates stand in different places around the classroom. Some of you will be in groups or pairs, and some will be alone. Your teacher will give a piece of colored paper to each student, pair, or group, and a tennis ball to one student.

Now the game begins. Your teacher asks a color question like this: **¿Quién tiene rojo?** The student with the ball tosses it to someone else. That student must answer the teacher's question with a word like **yo, ellos,** or **nosotros.** It depends on who has the red paper.

Remember: Think fast! Whoever answers incorrectly or takes more than five seconds must sit down.

¿Cómo lo dices?

Where are they?

Look at these pictures and sentences to see how to talk about where people are.

Singular

Plural

Estoy en la casa.

Estamos en la casa.

Estás en la casa.

Están en la casa.

Está en la casa.

Están en la casa.

You can also use **está** and **están** to talk about where places and things are located. All of these forms come from the verb **estar.**

If you want to ask where someone or something is, you ask **¿Dónde…?**

—**¿Dónde están** Julia y Margarita?
—**Están** en el jardín.
—**¿Dónde está** el perro?
—**Está** en la cocina.

¿Dónde están estas personas?

¡ÚSALO!

A. You're in charge of the house until your mother gets home from work. One of your jobs is to report where everyone is when she calls.

Marta y yo _____ en el sótano.

Marta y yo estamos en el sótano.

---

1. Alfredo y Elisa _____ en el patio.

2. Ahora, yo _____ en el despacho.

3. Ofelia _____ en el garaje.

4. El gato y el pájaro _____ en el techo.

5. Mi amigo y yo _____ en el balcón ahora.

6. Mi hermana _____ en su dormitorio.

7. ¡Ahora el perro, el gato y el pájaro _____ en la sala!

8. ¡Ay! Los animales y yo _____ en el comedor. ¡Adiós, mamá!

B. Mario's party has been great! Too bad it has to end so soon. Already, parents are calling and asking for their children.

PARTNER A: You're Mario. Use the first clue to ask where the people are.

PARTNER B: Use the second clue to answer Mario's question.

Guillermo / la cocina   —**¿Dónde está Guillermo?**
—**Está en la cocina.**

1. Arturo y Claudio / la sala
2. Elena y tú / las escaleras
3. tu hermana / el despacho
4. Ramón y Luz / el balcón
5. las muchachas / fuera de la casa

6. Alba y Marta / el garaje
7. Miguel, David y Jaime / el jardín
8. los papás / el sótano
9. tú / las escaleras
10. tu hermano / el dormitorio

Esta señorita está en su despacho.

C. Work with a partner and describe this strange house.

When your teacher says **¡Ahora!** write a list of sentences describing where things are. Stop when your teacher says **¡Alto!** Which pair came up with the most sentences? Hints: You'll need to use **estar.** And don't forget **dentro** and **fuera.**

José

Papá   Mamá

Miguel

Lila

Félix

ENTRE AMIGOS

 With the whole class, design a large floor plan for a house on butcher paper.

Your teacher will assign people or animals for you to cut out from construction paper. Follow your teacher's instructions on how to do this and label your paper cutouts.

With the rest of the class, tape your cutouts in the house, anywhere you choose.

In small groups, take turns asking and answering as many questions as you can about the people and animals in the house. Try to ask some questions that need "no" answers, too:

> —¿Los muchachos están en el garaje?
> —No, no están en el garaje. Están en el sótano.

When your teacher says ¡Cambio! move your cutouts to a different place in the house. Now you have a whole new set of questions to ask!

¡A divertirnos!

Play a game where your classmates try to guess where you are in a house.

With a partner, choose two actions that people do in different rooms in a house—for example, cooking in the kitchen or vacuuming in the living room. You and your partner may choose actions that put both of you in the same room or in different rooms. It's up to you.

When it's your turn, pantomime your actions together for the class. For example, Pedro and Gloria decide to mime mopping the floor and making an omelet.

The class asks them questions to try to figure out where they are.

—**Pedro y Gloria, ¿están en el sótano?**
—**No, no estamos en el sótano.**
—**Bueno, ¿están en la cocina?**
—**Sí. Estamos en la cocina.**

Dentro de tu casa

Where do you spend more time, in the living room or in your bedroom?

Many families spend a lot of time together in the living room. Your bedroom is where you keep your things, and you may spend a lot of time there studying, playing—and sleeping, of course!

In this unit, you're going to:

● Talk about your living room and bedroom

● Learn more ways to describe people, places, and things

● Describe where something is located

● Learn more about homes in Spanish-speaking countries

¿Qué hay en
la sala?

En Bogotá, Colombia

¿Sabes que...?

- A lot of families in Spanish-speaking countries spend more time around the dining room table than they do in the living room. The living room is used mainly when company comes.

- Because of satellite dishes and cable TV, people sitting in their living rooms in Latin America and Spain may be watching the same programs you are.

- Spain and Latin America produce beautiful wood and leather furniture. You may have a piece in your home.

Una sala amplia

¿Qué hay en la sala?

—¿Qué hay en la sala de tu casa?

—Hay un sofá, un televisor, una alfombra y mucho más.

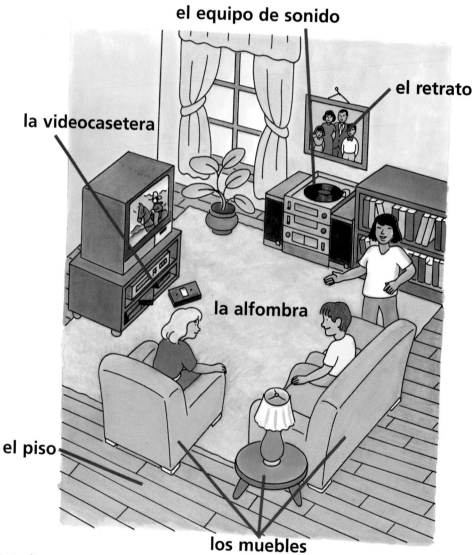

el equipo de sonido

el retrato

la videocasetera

la alfombra

el piso

los muebles

—Mamá, ¿dónde está mi libro de español?

—Está en el estante.

el televisor

el sofá

el estante

la lámpara

el sillón

las cortinas

 **Así es...** Just as English has borrowed many words from Spanish, Spanish-speakers borrow words from English, too. In much of Latin America, for example, *la sala* is called *el living*.

PRACTIQUEMOS

A: Look at the picture and say what color the item is.

_____ es blanco.
El sofá es blanco.

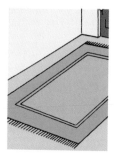

1. _____ es verde. **2.** _____ es anaranjado. **3.** _____ es negro.

4. _____ es amarilla. **5.** _____ es marrón. **6.** _____ son rojas.

B. Your family has just moved into a new house. You're asking the movers where they put everything.

PARTNER A: Ask the movers the question.
PARTNER B: Use one of the choices in the list to answer the question.

—¿Dónde están los libros?
—**Los libros están en el estante.**

1. ¿Dónde está el televisor?
2. ¿Dónde está el sofá?
3. ¿Dónde está la alfombra?
4. ¿Dónde está mi sillón?
5. ¿Dónde está el retrato de la tía Hortensia?

en el estante

en la sala

en el piso

en la pared

ENTRE AMIGOS

Draw a floor plan of your own living room. Label the things in it. Form a group and show your living room. Point out the different things in it. Use **Aquí está...** ("Here is...").

Aquí está el sofá. Aquí están los estantes. Aquí está un retrato en la pared...

How is your floor plan like your classmates'? How is it different?

¡HABLEMOS!

¿Qué hay en tu dormitorio?

—¿Qué hay en tu dormitorio?

—Mi cama, ¡claro! Y todas mis cosas favoritas.

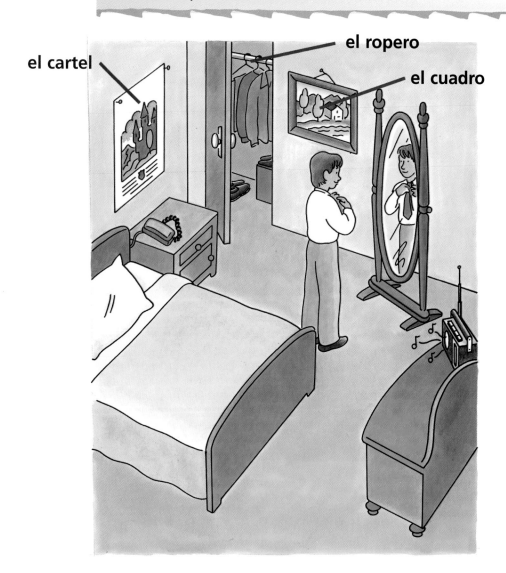

el cartel

el ropero

el cuadro

—¿Dónde está tu teléfono?

—Está cerca de mi cama.

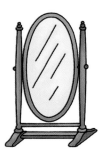

el espejo

la almohada

el radio

la cama

el tocador

la mesita de noche

PRACTIQUEMOS

A. You're staying at Mónica's house. Mónica wants to know if you like everything in her room. For each item, she asks you **¿Te gusta…?**

¿Te gusta el tocador?

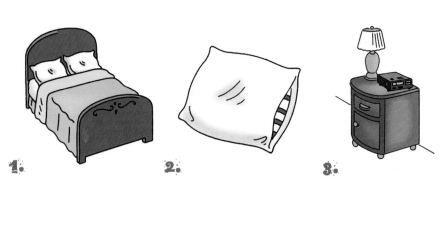

1.   **2.**   **3.**

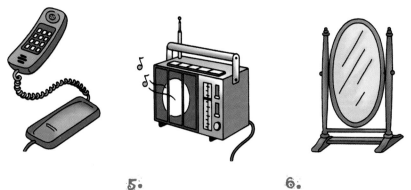

4.   **5.**   **6.**

B. The moving van has left. Your parents have unpacked your bedroom things. You're asking them where everything is.

PARTNER A: Ask where each item is.
PARTNER B: You're the parent. Answer the question with a place from the list.

el cartel de México   —¿Dónde está el cartel de México?
—Está en la pared.

1. la almohada   **4.** el teléfono

2. el radio   **5.** mi ropa

3. el cuadro feo   **6.** el espejo

en el ropero

en la pared

en la cama

en la mesita de noche

Entre Amigos

Form a group of three or four classmates. Describe your bedrooms to each other.

One person starts by saying what there is in his or her bedroom and where it is:

> **Tengo una cama grande y dos almohadas. También tengo una mesita de noche. Hay una lámpara en la mesita. Tengo cuatro carteles. Están en las paredes…**

Others in the group should draw a room based on that description. Afterward, everyone should show their drawings to see if anyone came close to drawing the bedroom how it really is.

¿CÓMO LO DICES?

Where is it?

Read the sentences below. Which words tell you that a person or thing is close to something? Which words tell you that a person or thing is far from something?

El muchacho está **cerca de** la lámpara.

La muchacha está **lejos de** la lámpara.

Now read the sentences below these pictures. Which words tell you that a person or thing is in front of something? Which words tell you that a person or thing is behind something?

El muchacho está **delante del** sofá.

La muchacha está **detrás del** sofá.

In the last unit, you learned **dentro de** and **fuera de** to talk about people or things being inside or outside the house. **Cerca de, lejos de, delante de,** and **detrás de** work the same way.

Delante de una tienda
en Vitoria, España

¿Están lejos estos edificios?

A. Your friend's canary escaped from its cage. You're trying to help catch it! Tell your friend where the canary is by completing the sentences with **delante** or **detrás.**

¡Está _____ de la lámpara!
¡Está detrás de la lámpara!

1. ¡Está _____ del radio!

2. ¡Está _____ de las cortinas!

3. ¡Está _____ del sillón!

4. ¡Está _____ del sofá!

B. Describe where things are in the living room you see here. Use **cerca de** or **lejos de**. Remember to use **del,** if needed.

El sofá está _____ el sillón.
El sofá está cerca del sillón.

1. El cuadro está _____ el televisor.

2. El estante está _____ las cortinas.

3. La alfombra está _____ el sofá.

4. El teléfono está _____ las cortinas.

5. La lámpara está _____ el televisor.

6. El sillón está _____ la alfombra.

ENTRE AMIGOS

Pick a partner and find out about his or her house! Write down at least five questions about where things are in the living room or bedroom. Here are some examples:

¿Qué está cerca del televisor? ¿Tienes un cuadro en tu dormitorio? ¿Dónde está…?

Ask and answer each other's questions.

¿Cómo lo dices?

Talking about people, places and things

Since you began studying Spanish, you've used many words for people, places, and things. Some of these are:

el espejo	la cama
el sótano	la sala
el alumno	la alumna

Have you wondered why some words use **el** and others **la?**

In English, we think only of people and animals as being masculine (male) or feminine (female). In Spanish, however, all words are either masculine or feminine— even words for places and things. **El** words are called "masculine," and **la** words are called "feminine." When you're talking about more than one, it's the same thing: **los** words are masculine, and **las** words are feminine.

Usually, masculine words end in **-o,** and feminine words end in **-a.** This isn't always true, though. So the best way to know is to learn the word together with its article, **el** or **la.**

el vestido   el televisor   el teléfono   la lámpara   las botas   la camisa

This masculine-feminine difference is important when you're using descriptive words to talk about people, places or things.

El día es **fresco.**

La noche es **bonita.**

Los días de invierno son **fríos.**

¡Las noches de verano son **fantásticas!**

If the word is masculine, the word describing it must be masculine, too. If the word is feminine, the descriptive word must be feminine. If the word is plural (that is, there's more than one), the descriptive word must also be plural.

The only exceptions are descriptive words like **gris** and **grande** that don't end in **-o** or **-a.** These words stay the same for masculine and feminine words. They do add an **-s** or **-es** in the plural.

A. See how good you are at remembering which words are masculine and which are feminine. Fill in the blanks.

> _____ mapa está en _____ pared, cerca _____ espejo.
> **El mapa está en la pared, cerca del espejo.**

1. _____ radios están en _____ dormitorio.

2. _____ mesa grande está en _____ sala.

3. _____ sofá está delante de _____ cortinas.

4. _____ retratos de mis tíos están dentro _____ garaje.

5. _____ teléfono está lejos de _____ cama.

6. _____ mapas de México están cerca de _____ estantes.

7. _____ sillones están dentro de _____ cocina.

8. _____ cuadro de _____ mujer azul está en _____ balcón.

9. _____ lápices están dentro _____ escritorio en _____ sótano.

10. _____ televisor está cerca de _____ pared en _____ comedor.

B. Federico sure likes to show off! No matter what anyone says, he has to top it. But today you're going to turn the tables.

PARTNER **A:**   Say the sentence.
PARTNER **B:**   Use the number in parentheses to form a new sentence.

—Tengo un radio bonito. (tres)
—**¡Yo tengo tres radios bonitos!**

1. Tengo un cartel grande. (siete)

2. Tengo una mesita de noche verde. (tres)

3. Tengo una almohada blanca. (cinco)

4. Tengo un sofá amarillo. (tres)

5. Tengo una sala grande. (nueve)

6. Tengo un tocador alto. (dos)

C. You had to write some questions for Spanish homework, but your dog chewed them to pieces! Now you're trying to tape them together again. Be sure to put them in the right order.

tiene / La / grandes / verdad / casa / dormitorios / tres
La casa tiene tres dormitorios grandes, ¿verdad?

1. las / verdad / Todos / cerca / muebles / los / están / paredes / de

2. radio /El /está / el / en / ropero / verdad / no

3. lejos / pequeño / Estamos / verdad / muy / televisor / del

ENTRE AMIGOS

 Can you describe a room so well that your partner can get a good mental picture of it? Give it a try!

Cut pictures of three bedrooms or three living rooms out of old magazines and bring them to school. Get together with a partner, but don't show any of the pictures.

Describe one of your pictures to your partner as well as you can. Think about what you'll say for a few minutes first.

Here are a few words and phrases to help get you started. You know a lot more! And don't forget all the colors you know!

tiene	televisor	grande / pequeño
hay	cama	alto / bajo
no hay	pared	bonito / feo
está / están	cartel	largo / corto
	tocador	
	teléfono	cerca de
	ventana	lejos de
	espejo	delante de
	ropero	detrás de

Now put all the pictures down on your desk. Can your partner pick out the room? Is it what your partner imagined?

¡A divertirnos!

 Make a diorama (model) of a bedroom. Your teacher will show you how.

Now play **Araña, araña** *(Spider, spider).*

Decide on a place in your room where the spider is hiding. Write the hiding place on a slip of paper. Hide the paper. Let's say you decide the spider is hiding **detrás del tocador.**

Join a classmate. He or she looks for the spider:

PARTNER:	**Araña, araña, ¿estás aquí?**
YOU:	**¿Dónde?**
PARTNER:	**Cerca de la cama.**
YOU:	**No, no estoy cerca de la cama.**

When your partner says **Detrás del tocador,** you say **¡Sí!**

Show your partner the slip of paper, and the game is over.

Whoever finds the spider with the fewest guesses wins.

En la cocina

Which is the busiest room in your house? If you're like most people, you probably answered, "The kitchen!"

The kitchen is the room where we eat many of our meals, and where we spend time talking with family and friends. These things are true for kitchens all around the world.

In this unit, you're going to:

- Name things you find in the kitchen
- Talk about some things you do in the kitchen
- Talk about things you do in general
- Learn about kitchens in Spanish-speaking countries

¡Una cocina al aire libre!

La cocina de un restaurante méxicano

¿Qué hace Alicia?

¿Sabes que...?

In Spanish-speaking countries:

● Kids usually help out in the kitchen with both cooking and cleaning.

● Some kitchens in the countryside are very simple. People there may even do their cooking over an open fire. In cities and suburbs, kitchens look more like typical ones in the U.S.

● The kitchen table is a favorite place for kids to do their homework, just as in the U.S.

¡HABLEMOS!

¿Qué usas en la cocina?

—¿En tu cocina usas el lavaplatos mucho?

—Sí, siempre uso el lavaplatos.

el lavaplatos

la estufa

el fregadero

el horno

el refrigerador

—¿Cuántos gabinetes hay en tu cocina?
—Hay seis.

el gabinete

el cajón

el grifo

¿Qué usa el señor?

Así es... Mexico produces beautiful ceramic tiles that are used in kitchens, as well as other rooms. They come in all sorts of sizes, colors, and designs. They've become so popular that many people in the United States have kitchens that look *"muy mexicana."*

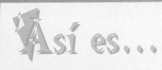

PRACTIQUEMOS

You're planning a busy day in the kitchen. For each picture, answer the question **¿Qué vas a usar?**

Voy a usar el grifo.

1.

2.

3.

4.

5.

6.

ENTRE AMIGOS

 Write down on a piece of paper all the things you've learned so far that are in the kitchen. Circle one of the items. That will be the item that is "not" in your kitchen.

Now choose a partner, but don't show him or her your list. Your partner will ask you questions about what is in your kitchen, trying to find the thing that isn't there:

> **¿Hay gabinetes en tu cocina?**
> **¿Hay un horno en tu cocina?...**

Keep answering affirmatively, until your partner asks about the item that is "not" in your kitchen. Then answer negatively:

> **No, no hay (un refrigerador) en mi cocina.**

Now change roles and you ask the questions. Whoever asks fewer questions to find the missing item is the winner. If there is time, play the game again.

Roberto prepara la comida.

¡Hablemos!

¿Qué más hay en la cocina?

—Marta, ¿hay un tostador en la cocina?

—Sí.

—¿Y qué más hay?

—También hay un abrelatas.

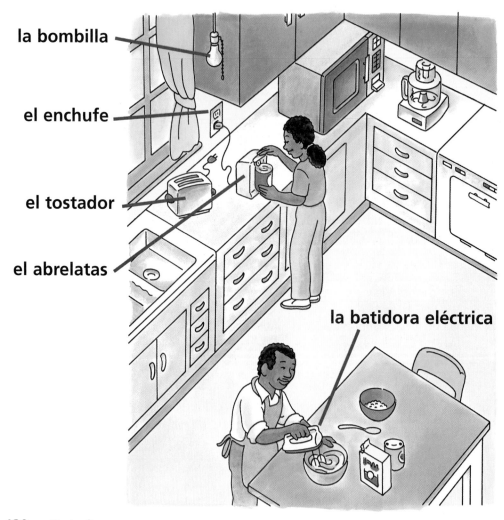

la bombilla

el enchufe

el tostador

el abrelatas

la batidora eléctrica

—Mario, ¿qué usas ahora?

—Uso la batidora eléctrica.

la licuadora

el horno de microondas

el bol

el lata

la caja

Así es...

You won't find many large freezers in Latin American kitchens. One reason is that people buy and use mostly fresh foods and vegetables, and don't use many frozen foods.

PRACTIQUEMOS

A. Every time you walk into the kitchen today, your sister is doing something new. For each picture, answer the question **¿Qué usa ahora?**

Ahora usa el abrelatas.

1.

2.

3.

4.

5.

6.

7.

8.

B. The Sandoval family is moving into a new home. Not everything is in the kitchen yet.

PARTNER A: Ask Pedro Sandoval if the different items are in the kitchen.

PARTNER B: You're Pedro. Answer yes or no based on the picture.

—¿Hay un refrigerador en la cocina?
—**No, no hay refrigerador en la cocina.**

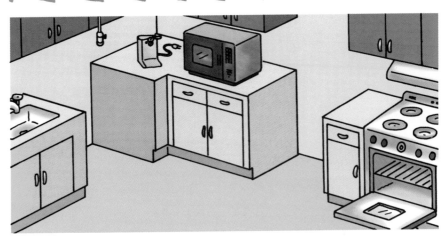

1. ¿Hay una licuadora en la cocina?

2. ¿Hay un tostador en la cocina?

3. ¿Hay un horno de microondas en la cocina?

4. ¿Hay una bombilla en la cocina?

5. ¿Hay un abrelatas en la cocina?

6. ¿Hay cajones en la cocina?

7. ¿Hay una estufa en la cocina?

8. ¿Hay una caja en la cocina?

9. ¿Hay gabinetes en la cocina?

10. ¿Hay un fregadero en la cocina?

ENTRE AMIGOS

Find out how different or similar your classmates' kitchens really are.

Make a list of three questions to ask your classmates about their kitchens. Then ask four different classmates the questions. List their answers in chart form.

Look at Javier's list of questions and his chart:

1. ¿Cuántos enchufes hay en tu cocina?
2. ¿De qué color es el refrigerador?
3. ¿Cuántas licuadoras hay en tu cocina?

	Roberto	Gloria	Ana	Manuel
¿Cuántos enchufes?	3	2	4	4
¿Color del refrigerador?	Blanco	Amarillo	Blanco	Blanco
¿Cuántas licuadoras?	1	2	1	1

Un restaurante en San Sebastián, España

¿CÓMO LO DICES?

What do you do in the kitchen?

What's one of the main things you do in the kitchen? You cook, right? The verb that means "to cook" is **cocinar.** Look at these sentences to see how to talk about cooking.

Singular   **Plural**

Yo **cocino** muy bien.

Nosotras **cocinamos** muy bien.

Tú no **cocinas.** ¡Nunca!

¿**Cocinan** ustedes mucho?

Él siempre **cocina.**

Ellos **cocinan** muy mal.

What endings do you use when you're talking about yourself and your friends cooking? What endings do you use to talk about two or more people cooking?

Because it ends in **-ar, cocinar** is called an **-ar** verb. You've already used a number of **-ar** verbs before. Now here's a new one: **mirar.** It means "to look at" or "to watch."

El gato **mira** el pájaro.

Miramos la televisión.

Almost all **-ar** verbs change exactly the same way when you use them in sentences:

Yo mir**o**...   Nosotros/nosotras mir**amos**...

Tú mir**as**...   Ustedes mir**an**...

Él/ella mir**a**...   Ellos/Ellas mir**an**...

A. Alicia is interested in everyone's cooking. Answer her questions according to the happy or sad faces.

—Arturo, ¿cocinas bien?
—**No, no cocino bien.**

1. Marta y Luis, ¿ustedes cocinan bien?

2. Dionisio, ¿cocinas bien?

3. Lucía y Nora, ¿ustedes cocinan bien?

4. Olga, ¿cocinas bien?

5. Sr. Fuentes, ¿usted cocina bien?

B. What is everyone doing tonight? Use the verb in parentheses to complete the sentence.

Silvia _____ las paredes del dormitorio. (pintar)
Silvia pinta las paredes del dormitorio.

1. Los papás de Pepe _____ mucho. (cocinar)

2. Susana _____ también. (cocinar)

3. Consuelo y yo no _____ . (cocinar)

4. Nosotros _____ la televisión en la sala. (mirar)

5. Mi hermanito _____ también. (pintar)

6. Humberto y Juan no _____ en el patio. (pintar)

7. Ellos _____ la computadora. (usar)

8. El gato no _____ los pájaros en el jardín. (mirar)

Una familia en su casa

ENTRE AMIGOS

Read the letter Sara sent to a new pen pal in Honduras.

Querido amigo,

Me llamo Sara Hurtado. Me gusta practicar los deportes con mi familia. Todos los domingos nadamos o caminamos. ¿Practican ustedes los deportes? ¿Nadan mucho sus hermanos?

También bailo mucho. Me gusta bailar con mis amigos. Mi amigo Pedro baila bien. ¿Bailas con tus amigos? ¿Bailan bien ustedes?

Yo no cocino bien, pero mis hermanos sí cocinan bien. ¿Cocinas tú?

En las noches a mi familia y a mí nos gusta mirar la televisión en la sala. Mi programa favorito es Espacio 2010. ¿Miran ustedes la televisión? ¿Cuál es tu programa favorito?

Ahora voy a pintar con mi hermano.

¡Hasta luego!

Sara

Now get together with a partner and write a letter in response to Sara. Be sure to answer Sara's questions.

When you're finished, exchange letters with another pair, and read their letter to your partner.

¿Cómo lo dices?

What else do you do in the kitchen?

What do you do after you've cooked something? You eat it, of course! Study these sentences to learn how to talk about eating.

Singular	**Plural**

Yo **como** en la cocina.

Nosotros **comemos** en el comedor.

¡Tú **comes** mucho!

¡Ustedes **comen** bien!

Ella **come** poco.

Ellos siempre **comen** mucho.

The verb **comer,** which means "to eat," is an **-er** verb. Most **-er** verbs have exactly the same endings.

Take the word **correr,** for example. It means "to run."

Yo corr**o** en el parque.
Nosotras corr**emos** mucho.
Tú no corr**es** hoy.

Ustedes corr**en** bien.
Ella corr**e** en el gimnasio.
Ellos corr**en** a la escuela.

Did you notice that the endings were exactly the same as the endings for the different sentences using **comer?** It is the same for **aprender, comprender, leer,** and most of the other **-er** verbs you will use.

¡ÚSALO!

A. Mauricio wants to serve a snack to his friends. Look at the pictures and tell him if the person eats a little or a lot.

¿Pablo?
Pablo come poco.

1. ¿Carmen?

2. ¿Iris y José?

3. ¿Lucho y yo?

4. ¿Sr. Lucero?

5. ¿Mauricio, Olga y Paco?

6. ¿Tú?

B. Use the information provided to say what everyone is doing, and where.

Ricardo y Eugenia / aprender español / la sala
Ricardo y Eugenia aprenden español en la sala.

---

1. Ramón / comer / la cocina

2. Carolina, Graciela y tú / correr / el patio

3. El abuelo y la abuela / leer / el despacho

4. Yo / comer y leer / el balcón

5. El papá de Pepito / aprender inglés / la sala

6. Pablo y yo / comer / el comedor

7. Tú / correr / el patio

8. Ustedes / leer / el dormitorio

¿Cómo lo dices?

Using other action words

You've already learned the word for "can opener." Now let's learn about the verb that means "to open"—**abrir.**

Singular	Plural

Abro la puerta.

Nosotras **abrimos** la puerta.

¿**Abres** la puerta del garaje, papá?

Ustedes **abren** las puertas
de los gabinetes.

Él **abre** la puerta del refrigerador.

Ellas **abren** la puerta
del salón de clase.

If you know the endings to use with **abrir,** you know how to work with most **-ir** verbs. This is true for **-ir** verbs you already know, such as **escribir,** as well as those you haven't studied yet, such as **vivir** (which means "to live").

A. What's all the racket? Find out who keeps opening things.

PARTNER A: Ask the question.
PARTNER B: Answer based on the words in parentheses.

¿Quién abre la puerta? (Rafael y Silvia)

—¿Quién abre la puerta?
—**Rafael y Silvia abren la puerta.**

1. ¿Quién abre el refrigerador? (Mamá y Carlitos)

2. ¿Quién abre el horno? (Yo)

3. ¿Quién abre la ventana del dormitorio? (el abuelo)

4. ¿Quién abre la puerta de la sala? (David y Jaime)

5. ¿Quién abre las cortinas? (Tía Octavia)

6. ¿Quién abre la puerta del garaje? (Nosotros)

B. Read the question, then unscramble the answer.

—¿Viven ustedes en una casa grande?
un apartamento. / en / vivir / No,
—**No, vivimos en un apartamento.**

1. ¿Quién escribe en tu cuaderno?
en mi cuaderno. / escribir / Mi hermana y yo

2. ¿Viven tus amigos cerca de tu apartamento?
muy lejos. / vivir / ellos / No,

3. ¿Quién abre la puerta de la escuela?
la puerta de la escuela. / Tú / abrir / siempre

4. ¿Vive Manuel en un apartamento?
en un apartamento. / Sí, / vivir

ENTRE AMIGOS

 Read about crafts in Latin America with a partner. Can you guess at the meanings of the Spanish words you don't know?

Throughout Latin America, crafts such as pottery, weaving, basketmaking, and metalwork have been part of daily life for thousands of years. Today, as more and more tourists travel to Latin America, crafts of all types have become popular purchases. In some cases, crafts have changed to fit modern times and tastes, but they still have much of their original look. Here are two examples.

Una mola de Panamá. Los habitantes de las islas San Blás fabrican estas bonitas piezas decorativas. Las figuras en las molas pueden representar imágenes de su cultura y de su religión.

Una tapicería colombiana. La gente que hace estas obras de arte textil corta piezas de material de varios colores y formas para crear escenas muy detalladas.

Together with your partner, locate the San Blás Islands on a map. Look in an encyclopedia to learn more about the cultures mentioned here, and to learn more about crafts in Latin America.

¡A divertirnos!

Put on a puppet show using a kitchen as the setting.

You can make puppets by cutting people shapes from construction paper and taping them to the ends of sticks.

Give your puppets names and make up a simple story that takes place in the kitchen, where they are doing different things and talking to each other. For example:

Papá y Carlos están en la cocina.

JULIA:	*(fuera de la cocina)*	—Papá, ¿dónde estás?
PAPÁ:	*(cerca de la estufa)*	—¡Estoy en la cocina!
JULIA:	*(camina a la cocina)*	—Hola, papá. Hola, Carlos.
		¿Cocinas, papá?
PAPÁ:		—Sí, cocino.
CARLOS:		—Y yo uso la licuadora.
JULIA:		—¡Bueno! ¿Qué comemos hoy?

After you practice a few times, present your puppet theater to the rest of the class.

UNIDAD 7

Los quehaceres

If you're like most kids, you probably have a few chores to do around the house. What are they? When do you do them? Are there any chores that you don't mind doing?

People sometimes complain about housekeeping, but it's one of those things that must get done…as any parent will tell you! In fact the Spanish word for chores—**los quehaceres**—means something like "the things that have to be done."

In this unit, you're going to:

- Talk about household chores
- Talk about having to do something
- Discuss things you've just finished doing
- Learn about housekeeping in Spanish-speaking countries

¿Qué haces tú los sábados?

¡Es bueno trabajar juntos!

¿Sabes que...?

In Spanish-speaking countries:

- Many people hang their laundry outside to dry, even if they have a dryer. They like the nice smell fresh air gives to their clothes.

- It's common for families to have a cleaning person come into their homes. Sometimes the person even lives with the family.

- Many families pick a special time, such as Saturday morning, to do the housekeeping together.

Ella arregla las cosas.

¡HABLEMOS!

¿Vamos a limpiar la casa?

—Vamos a limpiar la casa, ¿verdad, mamá?

—Sí. Primero, tú vas a sacar la basura. Yo voy a quitar el polvo.

barrer el piso

pasar la aspiradora

limpiar el piso

quitar el polvo

regar las plantas

sacar la basura

—Marcos, ¿con qué vas a limpiar el piso?
—Con el trapeador.

la escoba

la aspiradora

el trapeador

el trapo

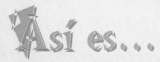

Así es...

Carpeting isn't as popular in Spanish-speaking countries as it is in the U.S. Many people are proud of their home's beautiful wood or tile floors. They don't want to cover them with carpeting. Bare floors can also be easier to keep clean.

PRACTIQUEMOS

A. It's Saturday morning, and everyone has a lot of chores to do. For each item answer the question **¿Qué va a hacer?**

Va a quitar el polvo.

1.

2.

3.

4.

5.

B. Your little brother wants to know what you're going to do your cleaning with.

PARTNER A: Read the question.
PARTNER B: Answer with the item you're going to use.

—¿Con qué vas a barrer el piso del garaje?
—**Con una escoba, ¡por supuesto!**

1. ¿Con qué vas a limpiar la alfombra en la sala?

2. ¿Con qué vas a quitar el polvo en el dormitorio?

3. ¿Con qué vas a limpiar el piso de la cocina?

4. ¿Con qué vas a limpiar las ventanas en el despacho?

ENTRE AMIGOS

 With a partner, draw a large floor plan of a house on butcher paper. Label all the rooms. In each room, list all the chores you might be able to do there. You can list the same chore in different rooms.

Use the Spanish you know to invent new chores! Here's an example:

Limpiar mi ropero

Compare your lists with those of other pairs. Who thought of the most chores? Which room has the most chores of all?

¡HABLEMOS!

¿Qué haces en la casa?

—Papá, ¿qué haces ahora?

—Bueno, tengo que lavar la ropa. Tengo que secar la ropa también.

recoger las cosas

lavar la ropa

secar la ropa

planchar la ropa

colgar la ropa

—Mamá, ¿está limpio mi suéter?

—Sí. Está cerca de la secadora.

la lavadora   la secadora   la plancha

Está sucio.   Está limpio.

¿Te gusta lavar y secar la ropa?

PRACTIQUEMOS

A. Your family's planning to spend tomorrow morning working around the house. Help decide what everyone's going to do.

Luz

> **Luz va a planchar la ropa.**

1. el abuelo

2. Ernesto

3. la abuela

4. Tomás

5. Sarita

6. Cecilia

B. You have so many chores that you had to make a schedule. Use your schedule to answer your friend's questions.

PARTNER A: Ask questions with **cuándo** and **dónde**.
PARTNER B: Answer the questions based on the schedule.

lunes	martes	miércoles	jueves	viernes	sábado	domingo
barrer el piso	sacar la basura	pasar la aspiradora	recoger la ropa sucia	lavar y secar la ropa	planchar la ropa	limpiar el piso
el sótano y el comedor	el patio	la sala y los dormitorios	el cuarto de baño y los dormitorios	el sótano	el sótano	la cocina

—¿Cuándo lavas y secas la ropa?
—Los viernes lavo y seco la ropa.
—¿Dónde lavas y secas la ropa?
—Lavo y seco la ropa en el sótano.

1. a. ¿Cuándo sacas la basura?
   b. ¿Dónde sacas la basura?

2. a. ¿Cuándo planchas la ropa?
   b. ¿Dónde planchas la ropa?

3. a. ¿Cuándo pasas la aspiradora?
   b. ¿Dónde pasas la aspiradora?

4. a. ¿Cuándo limpias el piso?
   b. ¿Dónde limpias el piso?

5. a. ¿Cuándo recoges la ropa sucia?
   b. ¿Dónde recoges la ropa sucia?

6. a. ¿Cuándo barres el piso?
   b. ¿Dónde barres el piso?

C. What needs to be done? Read each sentence and decide what you're going to do…or not do. Write your answer.

> Hay mucha basura en la cocina.
> **Voy a sacar la basura.**
>
> El piso de la cocina está limpio.
> **No voy a limpiar el piso de la cocina.**

1. Mi ropa está muy sucia.

2. La alfombra de la sala está muy sucia.

3. Las alfombras de los dormitorios están limpias.

4. Hay mucho polvo en los estantes.

5. Hay muchas cosas en los muebles.

6. No hay mucho polvo en el tocador.

7. La ropa limpia de mis hermanos está en las camas.

8. Hay muchas cosas en el piso de mi dormitorio.

Muchas familias secan la ropa fuera de la casa.

Entre Amigos

 On an index card write a sentence that tells a chore you are going to do in a specific room on a certain day of the week—for example:

Voy a pasar la aspiradora en los dormitorios el sábado.

On the second card, change the same sentence into a question, using **¿Quién va...?**

¿Quién va a pasar la aspiradora en los dormitorios el sábado?

Form a group with five or six classmates. Mix your sentence and question cards in two separate piles. Each person then picks one sentence card and one question card. If you pick a question card that matches the sentence card, return the question card to the bottom of the pile.

Now find the group member who does the chore on your question card. Talk to your classmates one at a time. Use three different questions to find the correct person.

¿Vas a (pasar la aspiradora)?
¿Dónde vas a (pasar la aspiradora)?
¿Cuándo vas a (pasar la aspiradora)?

When everyone finds the person who's going to do the chore on his or her question card, your teacher will ask questions about who is going to do what, when, and where.

¿CÓMO LO DICES?

Talking about what you have to do

What words do you use to talk about having to do something? Look at these sentences to see.

Singular   **Plural**

Tengo que lavar la ropa.

Tenemos que quitar el polvo.

Tienes que colgar tu ropa.

Ustedes tienen que limpiar el piso.

Ella tiene que regar las plantas.

Ellos tienen que sacar la basura.

When you talk about things you have to do, you use a form of the verb **tener** + **que** + the action verb.

¡Úsalo!

A. All you want to do is help, but Silvio and Ernestina won't let you. Give Silvio's and Ernestina's answers to your offers.

—Voy a quitar el polvo en el comedor.
—No, nosotros tenemos que quitar el polvo.

1. Voy a colgar la ropa en el ropero.
2. Voy a barrer el piso en la cocina.
3. Voy a sacar la basura.
4. Voy a lavar la ropa en el sótano.
5. Voy a recoger las cosas en la sala.

B You and your sister have lots of plans, but your father keeps reminding you of the different chores you must do.

PARTNER A: Say what you're planning to do.
PARTNER B: You're the father. Tell your children what they have to do.

Papá, vamos al cine. (colgar la ropa)

—Papá, vamos al cine.
—No, ustedes tienen que colgar la ropa.

1. Papá, yo voy a escribir en mi cuaderno. (regar las plantas)
2. Papá, vamos a correr con el perro. (barrer el piso)
3. Papá, voy a cantar con María. (secar la ropa)
4. Papá, vamos a bailar en la sala. (recoger las cosas)
5. Papá, voy a pintar un cuadro. (sacar la basura)
6. Papá, vamos a las tiendas. (pasar la aspiradora)

Ellos sacan la basura.

C. You and some friends are helping Virgilio get ready for his party. Use the word clues to say what different people have to do.

Ustedes / limpiar el piso
Ustedes tienen que limpiar el piso.

1. Tú / pasar la aspiradora

2. Ustedes / sacar la basura

3. Humberto / quitar el polvo

4. Amalia, tú y yo / recoger las cosas

5. Tatiana / barrer el piso

6. Eduardo y Consuelo / regar las plantas

ENTRE AMIGOS

What chores do you do at home?

Make your own schedule like the one on page 155. Then show it to the rest of your group and tell them about it. Answer any questions they have. Ask them about their schedules. What do they have to do? When do they have to do it? Where? Note down what they tell you.

When you're done, talk about chores with the class. Who has the most? Who has the least?

What have you just finished doing?

Look at these pictures and sentences.

Tengo que regar las plantas.

Acabo de regar las plantas.

Tenemos que recoger las cosas.

Acabamos de recoger las cosas.

You've learned how to use **tener que** + an action to talk about what you have to do. Now compare the pictures and sentences on the left with those on the right. What do you think the sentences on the right are about?

The verb **acabar** + **de** + a verb lets you talk about what you have just finished doing.

¡ÚSALO!

A. The Ríos kids are always one step ahead of their mother. Every time she asks them when they're going to do something, they've just finished doing it! Help them answer her questions.

—Javier, ¿cuándo vas a pasar la aspiradora?
—**Acabo de pasar la aspiradora, Mamá.**

1. Javier y Ramón, ¿cuándo van a barrer el piso?

2. Virginia y Matilde, ¿cuándo van a recoger las plantas?

3. Ramón, ¿cuándo vas a regar las plantas?

4. Virginia, ¿cuándo vas a colgar la ropa?

5. Javier y Ramón, ¿cuándo van a lavar la ropa?

6. Matilde, ¿cuándo vas a planchar la ropa?

¿Qué hace la muchacha?

**Antonio ayuda
a su papá.**

 B. Mr. Luna is asking you and your friends some questions about your chores. Use **acabar de** to respond.

—Ema, ¿tienes que regar las plantas?
—**No, Sr. Luna. Acabo de regar las plantas.**

1. Ema y Rosita, ¿tienen que barrer las escaleras?

2. ¿Ustedes tienen que quitar el polvo?

3. Omar, ¿tienes que pasar la aspiradora?

4. ¿Tú tienes que sacar la basura?

5. Ema, ¿tú y Roberto tienen que limpiar el piso?

C. You and your older brother have to clean the house. He's checking to see which chores are done and which aren't.

PARTNER A: You're the big brother. Make the comments you see here.

PARTNER B: Say that you have just done something or that you still need to do it.

—El piso de la cocina está limpio.
—**Sí, acabo de barrer el piso.**

—El piso del cuarto de baño está sucio.
—**Sí, tengo que barrer el piso.**

1. Hay mucho polvo en los muebles.

2. La ropa no está en el ropero.

3. La ropa en el piso está sucia.

4. La alfombra de la sala está sucia.

5. La ropa en mi ropero está limpia.

6. No hay basura en la cocina.

7. Las alfombras de los dormitorios están sucias.

8. No hay polvo en el comedor.

9. Hay mucha ropa y otras cosas en el piso de tu dormitorio.

10. Los gabinetes están limpios.

ENTRE AMIGOS

Look at the "before" and "after" pictures of the Molinero kitchen.

ANTES

DESPUÉS

Get together with a partner. One of you takes the picture of the Molineros' "dirty" kitchen and writes as many sentences as you can that indicate what the Molineros have to do—for example:

Tienen que usar el lavaplatos.

The other partner takes the picture of the Molineros' "clean" kitchen and writes as many sentences as possible that indicate what they have just done to clean it up—for example:

Acaban de barrer el piso.

When you and your partner have finished, compare your sentences. How many chores did you both write about? Compare your sentences with those of other pairs. Which pair of students came up with the most ideas?

¡A divertirnos!

 El laberinto de quehaceres *(The Maze of Chores)*

What chores do these young people have to do? Find your way through the maze and see!

Get together with a partner and plan your own maze of household chores on butcher paper. Plan it in pencil first, so you can erase and make changes. When you're sure it's how you want it, color your maze with markers or crayons.

Trade mazes with another pair of students. Find your way through their maze. What chores do they have you doing?

Un plato de frutas

Do you like to eat a snack when you get home from school? Do you sit down at the table or do you eat on the run?

Sometimes a piece of fruit makes the best snack of all. Fruit comes ready to eat, it's tasty, and it's even good for you!

In this unit, you'll:

- Name things you use at the table
- Name different kinds of fruit
- Learn how to talk about putting and bringing things someplace
- Talk about where things are
- Learn about some fruits found in Latin America

Vendedores en
Quito, Ecuador

Una plantación de
plátanos en Costa Rica

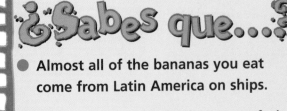

¿Sabes que...?

- Almost all of the bananas you eat come from Latin America on ships.

- Tropical Latin America has many fruits that are not common in the U.S., such as *mangos* and *guayabas* (guavas).

- Tea time is very popular in parts of Latin America, complete with china cups and saucers, tiny spoons, baked goods, and so on. It's usually served around 5:00 P.M.

¿Te gustan las frutas?

¿Qué hay sobre la mesa?

—¿Dónde está el cuchillo?

—Está sobre la mesa, cerca del plato.

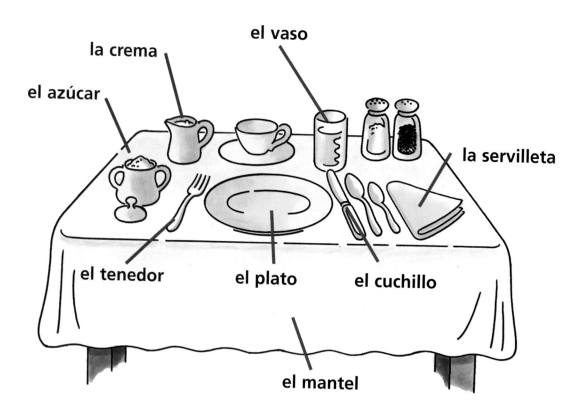

la crema

el vaso

el azúcar

la servilleta

el tenedor

el plato

el cuchillo

el mantel

—¿Qué tienes que hacer ahora?

—¡Ay! Tengo que poner la sal sobre la mesa.

el platillo

la taza

la sal   la pimienta

la cuchara   la cucharita

Cerámica méxicana

PRACTIQUEMOS

A. You're setting the table. Your mother asks from the kitchen, **¿Qué hay sobre la mesa?** Tell her, based on the pictures.

El mantel está sobre la mesa.

1.   2.   3.

4.   5.   6.

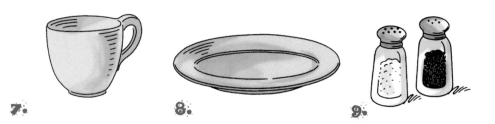

7.   8.   9.

B. Company is coming for dinner. The Márquez family is getting ready. Say what the different people have to do.

Cecilia / tener que lavar /   **Cecilia tiene que lavar los platos.**

1. Mamá / tener que planchar /

2. Paco / tener que poner/   / sobre la mesa.

3. Papá / tener que secar /

4. Paco y Cecilia / tener que lavar /

5. La abuela / tener que poner /   / sobre la mesa.

C. What things are in the cabinet? What things aren't? Get together with a partner and say as many things as you can about what is and isn't in the cabinet.

Los platos están en el gabinete.
El tenedor no está en el gabinete.

Un florero cerámico

ENTRE AMIGOS

 You and your classmates are going to set a table, but not like you've ever done it before!

Your teacher is going to put into a bag the different items you need to set a table. One student starts by taking out an object. The student puts it on a table at the front of the room, behind some type of screen (such as a big book) so no one else can see it. The other students need to keep their eyes closed while the first student is doing this.

The rest of the class then tries to guess what the item is by asking questions:

¿Hay un tenedor sobre la mesa?

The student who guesses correctly goes up to the table and places the item in its proper place. That student also picks the next item from the bag. See how fast you can put together a complete table setting. Take turns so everyone gets a chance.

Artefactos precolombinos, Museo de Cozumel, México

¡HABLEMOS!

¿Te gustan las frutas?

—¿Te gustan las frutas?

—Por supuesto. Me gustan las manzanas y las uvas.

la manzana

la pera

las cerezas

las uvas

las fresas

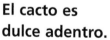

¿Te gusta la piña?

El cacto es
dulce adentro.

—¿Qué fruta traes de la tienda?
—Naranjas. ¿Te gustan las naranjas?

la piña

el plátano

la sandía

la naranja

el limón

Estas bananas se llaman plátanos.

Así es... Not all bananas are long and yellow. There are very small, very sweet ones in Venezuela. All around the Caribbean, there are large green bananas that are not sweet. They are cooked and eaten like potatoes.

PRACTIQUEMOS

A. Your dad is going grocery shopping. He wants to know what fruit you have in the kitchen. Look at the pictures and tell him.

Tenemos cerezas.

1.

2.

3.

4.

5.

6.

7.

8.

9.

B. You and a friend are playing a guessing game about fruit.

PARTNER A: Ask the question.
PARTNER B: Answer based on the description.

—¿Qué es mediana y roja?
—**La manzana es mediana y roja.**

1. ¿Qué es muy grande y verde?

2. ¿Qué es anaranjada?

3. ¿Qué es amarillo y largo?

4. ¿Qué son pequeñas y rojas?

5. ¿Qué son medianos y amarillos?

ENTRE AMIGOS

 Sit in a circle with five or six classmates. Write down your favorite fruit on a piece of paper, but don't show anyone what you have written.

One student starts by guessing the favorite fruit of the person to his or her left:

Tu fruta favorita es (la piña).

This second student responds honestly:

Sí, la piña es mi fruta favorita. OR
No, (la manzana) es mi fruta favorita.

The student also shows what he or she wrote, as confirmation. Keep going until everyone has had a chance to respond. Record your results. How many kids have the same favorite fruit?

¿CÓMO LO DICES?

Talking about putting and bringing

You've already had some practice with the verb **poner,** which means "to put" or "to place." Look at the picture and the sentences to see how to use **poner.**

1. Yo **pongo** el mantel en la mesa.
2. **¿Pones** los platos en las sillas?
3. Pepe **pone** los vasos en una mesa.
4. Nosotras **ponemos** las frutas en los platos.
5. Ellos **ponen** una mesa cerca del árbol.

Use *poner* to say "set the table." *Yo pongo la mesa* means " I'm setting the table" or "I set the table."

Is **poner** exactly like the other **-er** verbs you know? Do you notice any form of it that's different?

Poner is like the other **-er** verbs, except when you talk about yourself. Then, the ending changes to **-go (pongo).** For that reason, we call **poner** an "irregular verb."

Another irregular **-er** verb that is different only in the **yo** form is **traer,** which means "to bring."

Yo **traigo** una pera a la escuela.

Did you notice that you have to add an **-i** before the **-go** ending? Like **poner, traer** is the same as the regular **-er** verbs when talking to or about other people:

—¿Qué **traes** tú a la fiesta?　—¿Qué **traen** ustedes?
—**Traigo** manzanas y fresas.　—**Traemos** una sandía grande.

—¿Qué **trae** Luisa?　—¿Qué **traen** Ana y Carlos?
—**Trae** las servilletas.　—**Traen** los platos y vasos.

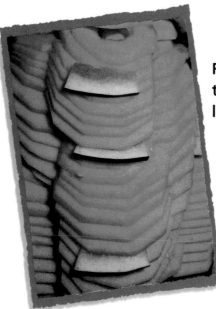

Roberto siempre trae cantalupo a la escuela.

¡ÚSALO!

A. Your Spanish club is throwing a party. Everyone's busy, but who's setting the table?

PARTNER A: Ask if the person or people are setting the table.

PARTNER B: Answer based on the picture.

—**Ricardo y Juan, ¿ustedes ponen la mesa?**
—**No, nosotros ponemos la sandía en una silla.**

Ricardo y Juan

1. María

2. Iris y Diego

3. Sra. Luna

4. Sr. Carvajal

5. Pancho

6. Luisa y Jorge

B. Your friends are such practical jokers! You can never be sure where they will put things next. But today you're catching them red-handed!

PARTNER A: You're catching your friends playing tricks. Ask the questions.

PARTNER B: You've been caught. Admit what everyone is doing.

—Julia, ¿qué pones en mi taza? (pimienta)
—**Pongo pimienta en tu taza.**

1. Samuel y Olga, ¿qué ponen en mi silla? (unas fresas)

2. Guillermo, ¿qué pone Daniela en mi ropero? (una sandía)

3. Angelina, ¿qué pone Francisco detrás de mi cama? (unos plátanos)

4. Eduardo, ¿qué pones dentro de mi tocador? (unas uvas)

5. Celia, ¿qué ponen Judit y Luis en mi sombrero? (crema)

6. Víctor y Catalina, ¿qué ponen en mi vaso? (sal)

¿Ves algún mesero?

C. Teresa is having a barbecue. All the guests are bringing something to share. Help them answer Teresa's questions.

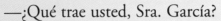

—¿Qué trae usted, Sra. García?
—**Traigo unas fresas.**

1. ¿Qué traen ustedes, Arturo y Ángel?

2. ¿Qué traen tus hermanos, Marcos?

3. ¿Qué traes, Elisa?

4. ¿Qué trae tu papá, Mercedes?

¡Traigo unas frutas!

D. How would you organize a party? With a partner, write three more sentences of each kind. Say what your classmates are bringing to the party and where someone else is putting these things.

A	B
A	**B**
1. Luisa trae veinte servilletas.	1. Pepe pone las servilletas en la mesa.
2. Gabriel y Manuel traen las frutas.	2. Yo pongo las frutas en los platos.

Lee las adivinanzas y adivina las respuestas.

Oro no es.
Plata no es.
Mira lo que tienes
y adivina lo que es.

Blanca por dentro,
verde por fuera.
Si no adivinas,
espera.

¿Cómo lo dices?

Describing where things are located

How do you say that something is on top of something else? How do you say that something is under something else? Look at these pictures and sentences to learn how.

La sandía está **sobre** la mesa.　　La sandía está **debajo de** la mesa.

Juan pone el vaso **sobre** el televisor.　Ahora pone el vaso **debajo del** televisor.

Use **sobre** to talk about things that are "on top of" or "on" other things.

Use **debajo de** to talk about things that are "under" or "underneath" other things. Remember, when **de** comes before **el,** the words contract to make **del.**

Your three wild cousins have just left after a week-long visit. The house is upside down! Look at the pictures, then use **sobre** or **debajo de** to say where everything is.

Los platos están debajo de la cama.

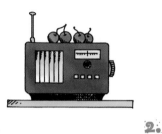

1.

2.

3.

4.

5.

6.

7.

8.

9.

ENTRE AMIGOS

 Get together with a partner and read the article once. Then make two lists:

a) a list of tropical fruits. (Start with **papayas.**)
b) a list of words that describe the climate in tropical countries. (Start with **¡Hace calor!**)

Using words from the lists and others from the article, write four sentences about the article.

Las frutas tropicales

En los países tropicales, hace calor y llueve mucho. Las temperaturas no cambian mucho de una estación a otra. En esas regiones tropicales hay muchas frutas exóticas y deliciosas.

El clima en muchos países de habla española es perfecto para las frutas tropicales. De esos países recibimos frutas como las papayas, los zapotes, las piñas, las granadillas, las guayabas y los mangos.

Mira las fotos de algunas frutas tropicales. Posiblemente algún día vas a tener la oportunidad de comer estas frutas tropicales.

la granadilla

el zapote negro

los mangos

¡A divertirnos!

Time for a game of **La cesta** *("The Basket")*. It's a little like Musical Chairs.

The class sits on chairs in a circle, except for one student who stands in the middle. There should be an even number of students in the circle. Each student should hold a picture of a fruit. You can cut these out of magazines or draw them. It is important that there be at least two pictures of every fruit.

The student in the middle asks a question with **poner** or **traer**—for example:

¿Qué traes en la cesta?
¿Qué pone mamá en la cesta?

He or she calls on someone to answer. The person who answers can name any fruit. It doesn't have to be the one whose picture they're holding.

Traigo una manzana en la cesta.
Mamá pone unas uvas en la cesta.

As soon as students hear their fruit mentioned, they must get up quickly and move to a chair that was occupied by someone else with that same fruit. Hurry up, because the student in the middle will be trying for one of the chairs, too! Whoever is left standing in the middle asks the next question.

¿Qué quieres para el desayuno?

What do you usually eat for breakfast? Do you eat a large breakfast or a small one? What do you drink with it?

Whatever you eat and drink for breakfast, make sure it's something nutritious. After all, it's the meal that gets you going in the morning!

In this unit, you'll:

- Talk about different kinds of breakfast foods and drinks
- Learn to talk about what you want
- Discuss what belongs to you and to others
- Learn to talk about things that are new and old
- Learn about breakfast in some Spanish-speaking places

Un desayuno español

¿Quieres unas
naranjas?

¿Sabes que...?

● Children in Spain don't usually eat eggs for breakfast—but they do eat them for dinner.

● Throughout Latin America, kids drink different things at breakfast: milk, juice, hot chocolate, and even coffee with milk *(el café con leche).*

● Mexico is famous for its big breakfasts, with items such as *huevos rancheros* (eggs with hot sauce), *tortillas,* and refried beans.

Un desayuno en casa

¡HABLEMOS!

¿Qué comes en el desayuno?

—¿Qué comes en el desayuno?
—Yo como los huevos fritos.

**los huevos
revueltos**

los huevos fritos

el cereal

**los huevos
pasados por agua**

la toronja

la avena

el pan tostado

la margarina

la mermelada

¿Quieres pan para el desayuno?

Así es... One thing common to most Spanish-speaking countries is the great variety of breads and rolls that are sold in bakeries. Some popular ones are "seashells" *(conchas)*, "braids" *(trenzas)*, and "half moons" *(media lunas)*. Kids love eating these for breakfast.

PRACTIQUEMOS

 You and your friends are having breakfast at a restaurant. Before you order you want to know what your friends are going to eat.

PARTNER A: Ask what your friend is going to eat.
PARTNER B: Answer according to the pictures.

—¿Qué vas a comer?
—Voy a comer pan tostado con mermelada.

1.

2.

3.

4.

5.

6.

ENTRE AMIGOS

 Find out what your friends eat for breakfast, and how often.

Work in a group of four or five classmates. Take turns asking if each of you eats the different items. Use **siempre, a veces,** or **nunca** in your responses.

—¿Comes huevos fritos en el desayuno?
—Sí, siempre como huevos fritos en el desayuno.

—¿Comes avena en el desayuno?
—No, nunca como avena en el desayuno.

Make a chart like this one to record your results. You can also make a bar graph.

	Siempre	A veces	Nunca
huevos	María	Jorge Luis	
cereal		Jorge María Luis	
pan tostado	Jorge	María Luis	
toronja		María Jorge	Luis
avena		María Jorge	Luis

¡HABLEMOS!

¿Qué quieres beber?

—¿Qué quieres beber?

—Bueno, quiero leche, por favor.

la leche

el jugo

el chocolate

el café

el té

—¿Vas a tomar el desayuno?
—Sí, voy a tomar pan tostado y café con leche.

**tomar
(el desayuno)**

querer

**Muchos
argentinos
beben su
yerba mate
con un mate.**

En San Francisco

 **Así es...** Fruit juices are very popular in most Latin American countries—and not just for breakfast! Almost any town in Mexico, for example, has fruit juice bars where the juice is made right in front of you. All kinds of fruits are used: papaya, watermelon, peach....

PRACTIQUEMOS

A. What do you want to drink? For each item, answer the question **¿Qué quieres beber?**

Quiero leche, por favor.

1.
2.
3.
4.

 B. You're at summer camp. The cafeteria just posted the breakfast menu for this week. With a partner, talk about what you're going to have for breakfast each day.

lunes	martes	miércoles	jueves	viernes
jugo de naranja y cereal	huevos fritos y toronja	pan tostado y leche	huevos revueltos y jugo de manzana	chocolate y avena

—¿Qué vamos a tomar para el desayuno el jueves?
—Vamos a tomar huevos revueltos y jugo de manzana.

ENTRE AMIGOS

Get together with two or three classmates and create a breakfast menu for a restaurant. Use colors to make your menu come alive. Decorate it however you like. Be sure to give your restaurant a name.

Look at this restaurant's menu:

Now take turns: one person plays the waiter or waitress, and the others play the customers. The waiter or waitress takes the customers' orders by asking what they want to eat and drink.

Restaurante Estrella

Desayuno

Huevos:

huevos fritos

huevos revueltos

huevos pasados por agua

cereal   pan tostado

chocolate   jugo   leche

Dos amigos sayunan en Caracas, Venezuela

¿CÓMO LO DICES?

Talking about what you want

Look at the pictures and read the sentences. They all show ways of saying that people want something.

Singular   **Plural**

Quiero un jugo, por favor.

Queremos dos jugos, por favor.

¿No **quieres** cereal?

¿**Quieren** Uds. chocolate?

Ella **quiere** avena.

Ellos **quieren** huevos revueltos.

To talk about wanting something, use the verb **querer.**
Did you notice anything different about the forms of
querer?

You can also use **querer** to talk about what you want to do:

Quiero nadar ahora.

Queremos tomar chocolate.

¡ÚSALO!

A. Some of your friends have come over for breakfast. Tell your mom what they want.

Blanca

Blanca quiere cereal.

1. Jorge

2. Liliana

3. Anabel

4. Mario

B. You don't know what your other friends want for breakfast. Ask them.

PARTNER A: Ask what your different friends want.
PARTNER B: Answer according to the picture.

—Ramón y Carmen, ¿qué quieren ustedes?
—**Queremos huevos revueltos, por favor.**

1. José, ¿qué quieres?

2. Pedro y Yolanda, ¿qué quieren ustedes?

3. Gloria, ¿qué quiere Bárbara?

4. Manuel, ¿qué quieren Maribel y Mónica?

C. Your friends want to do different things today. Discuss with a classmate what everyone wants to do.

PARTNER **A:**   Ask what your friends want to do.
PARTNER **B:**   Answer according to the activity given.

Raúl y Esteban / nadar   —¿**Qué quieren hacer Raúl y Esteban?**
    —**Quieren nadar.**

1. Olga y Carlos / cocinar
2. tú / usar la computadora
3. Miguel y yo / caminar en el parque
4. Susana / leer
5. Ricardo / pintar cuadros
6. Maribel y tú / practicar los deportes

Rigoberta lee en su casa.

ENTRE AMIGOS

 Think of three things you would like for breakfast tomorrow. Use the words you learned in this unit. Write them down on a piece of paper.

Now get together with a partner, but don't show your list. Take turns and try to guess what your partner wants for breakfast by asking yes / no questions:

—¿Quieres cereal para el desayuno?
—No, no quiero cereal.

—¿Quieres pan tostado para el desayuno?
—Sí, quiero pan tostado.

After you finish, play another guessing game. This time guess three different activities that you each want to do this week.

¿Comes pan en el desayuno?

¿Cómo lo dices?

Talking about possessions

You already how to talk about things that belong to you.

| **mi** radio | **mis** radios | **mi** escoba | **mis** escobas |

You also know how to talk to a friend about his or her possessions (**tu radio, tus escobas**) and how to talk about things that belong to somebody else (**su radio, sus escobas).**

Now look at how you talk about things that belong both to you and another person ("our").

nuestro radio   **nuestros** radios   **nuestra** escoba   **nuestras** escobas

Nuestro and **nuestros** are used with masculine words, and **nuestra** and **nuestras** are used with feminine words.

Which word is used with the word **camas**—**nuestros** or **nuestras?** How about with the word **televisores?** It's easy, once you decide that the word is masculine or feminine, singular or plural.

Now look at these pictures and sentences. They show you how to talk about things that belong to several other people—"their."

Su casa es grande.   **Sus** cuadros son bonitos.

Su is used with masculine and feminine words. Add an **-s** if you're saying people own more than one of something.

¿Cómo es su casetera?

¡Úsalo!

A. You're getting the López's things out of storage for them, but you're confused about what is theirs.

PARTNER A: Ask the storage company manager if the items you're looking at are the López's.

PARTNER B: You're the manager. Answer according to the word in parentheses.

¿Son _____ cortinas? (sí) —¿Son sus cortinas?
—Sí, son sus cortinas.

¿Es _____ teléfono? (no) —¿Es su teléfono?
—No, no es su teléfono.

1. ¿Son _____ cuadros? (sí)   **4.** ¿Es _____ alfombra? (sí)

2. ¿Es _____ tocador? (sí)   **5.** ¿Son _____ lámparas? (no)

3. ¿Son _____ muebles? (no)   **6.** ¿Es _____ cama? (sí)

B. José Gómez is always repeating what his brother Aldo says, but with a twist. Help José rephrase Aldo's sentences. Use **nuestro, nuestros, nuestra,** or **nuestras.**

Tenemos una alfombra roja.
Sí, nuestra alfombra es roja.

1. Tenemos un sofá gris.   **4.** Tenemos dos mesas grandes.

2. Tenemos cortinas blancas.   **5.** Tenemos una estufa amarilla.

3. Tenemos un televisor pequeño.   **6.** Tenemos muebles marrones.

¿Cómo lo dices?

Talking about things that are new and old

Look at these pictures and words to see how to talk about things that are new and old.

| nuevo | viejo | nueva | vieja |

Nuevo and **nueva** mean "new." **Viejo** and **vieja** mean "old." You use **nuevo** and **viejo** with masculine words, and you use **nueva** and **vieja** with feminine words. Add an **-s** to use them with plural words.

¿Es viejo este edificio?

¿Es nueva la fuente?

A. You're visiting the Vélez twins, and you have some questions about the things they are showing you.

PARTNER A: Ask the Vélez twins questions according to the items and descriptive words given.

PARTNER B: Play the part of the Vélez twins. Answer according to the words in parentheses.

nuevos / radios (no)
—¿Son nuevos sus radios?
—No, nuestros radios no son nuevos.

1. viejas / camas (sí)   4. nuevos / teléfonos (sí)
2. viejas / alfombras (no)   5. vieja / estufa (no)
3. nuevo / televisor (sí)   6. nuevo / refrigerador (no)

B. Sometimes you're very nosy. Ask your partner these questions. Your partner will answer truthfully.

1. ¿Son nuevos o viejos tus muebles?   6. ¿Es nuevo o viejo tu horno?
2. ¿Es viejo tu televisor?   7. ¿Son viejas tus lámparas?
3. ¿Son nuevas o viejas tus camas?   8. ¿Cómo son tus espejos?
4. ¿Es nueva tu alfombra?   9. ¿Cómo son tus cortinas?
5. ¿Cómo es tu refrigerador?   10. ¿Cómo son tus radios?

ENTRE AMIGOS

Get together in a circle with five or six classmates.

One person starts by telling the group about breakfast in his or her house:

En nuestra casa tomamos huevos revueltos y jugo de naranja para el desayuno.

Be sure to mention one item you eat and one you drink. Now the next person to the left does the same thing. Be careful, though, not to mention the same combination of drink and food items.

Keep going round and round the circle, saying what you eat and drink for breakfast in your house. Keep track of the answers people give. The game ends when someone mentions a food or drink combination that has been mentioned before.

How many different combinations did you come up with? Start all over again, if you wish.

Un desayuno mexicano

¡A divertirnos!

Here's something you can make for yourself, your family, and even for your friends. It's one of the most famous breakfast dishes from Mexico. Ask an adult to help you.

Los huevos a la mexicana

1. Mix 4 eggs and a little bit of milk in a large bowl, then set it aside.

2. Chop up one whole tomato and 1/4 cup of onion.

3. Melt 1 tablespoon of margarine in a frying pan. Put in the onions and cook them until they are tender.

4. Now add the chopped tomato to the onions. Cook for another 3 minutes, stirring often.

5. Add the mixed eggs, and cook over high heat, stirring with a spatula just as you would scrambled eggs.

6. Serve with corn or flour tortillas, which you can find at your local supermarket.

(Optional: Add a chopped-up chile serrano. You can find this in your supermarket. It's not very hot and it adds a lot of flavor to your breakfast.)

This recipe makes enough for two people. You can adjust it accordingly for more people.

¡Queremos almorzar!

Where do you usually eat lunch? If you're like most kids, you probably have lunch at school. But you eat dinner at home, right?

Do you help with the cooking? It's fun, especially if you try dishes from other cultures.

In this unit, you're going to:

- Talk about foods you eat for lunch and dinner
- Discuss when you eat meals
- Talk about things you can and cannot do
- Talk about special likes and dislikes
- Learn about some of the foods in Spanish-speaking countries

Un almuerzo en México

Un arroz frito sabroso

¿Sabes que...?

- There is an enormous variety of dishes in Spanish-speaking countries. They range from very mild, delicate recipes to very hot and spicy foods.

- Beans, corn, and rice are food items that are widely used in almost every Spanish-speaking country.

- *Chiles* (hot peppers), considered a fruit, are an ingredient used in many traditional Mexican dishes. The more than 1,000 varieties of chiles vary in size, color, and flavor.

Los chiles son ricos.

¡HABLEMOS!

¿Qué quieres para el almuerzo?

—¿Qué quieres para el almuerzo?
—Quiero una hamburguesa. ¿Y tú?
—¿Yo? Quiero pollo y ensalada.

el pollo

el pan

las legumbres

la ensalada

las papas

la hamburguesa

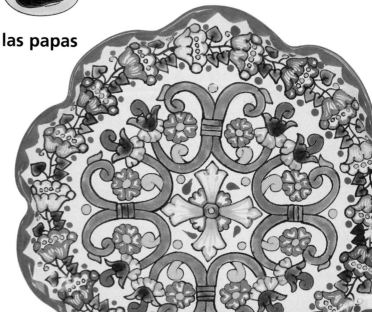

el sándwich

el queso

el helado

la gelatina

Almorzando en la escuela

Así es... In many Spanish-speaking countries, lunch is eaten later than in the U.S., sometimes as late as 3:00 in the afternoon. It can be a large meal with soup, meat or fish, vegetables, rice or beans, and then dessert.

PRACTIQUEMOS

Miguel has invited you and your friends for lunch. Tell him what you want to eat.

PARTNER A: You play Miguel. Ask each friend what he or she wants to eat. Use the picture to complete the question.

PARTNER B: Play the friend, and answer according to the word in parentheses.

—Diego, ¿quieres ? (sí)

—Diego, ¿quieres pollo?
—Sí, quiero pollo.

1. Rita, ¿quieres y ? (no)

2. Gerardo, ¿quieres ? (sí)

3. Susana, ¿quieres ? (sí)

4. Luis, ¿quieres y ? (sí)

5. Teresa, ¿quieres y ? (sí)

6. Alberto, ¿quieres y ? (no)

ENTRE AMIGOS

 Get together with a partner and find out what he or she likes to eat for lunch:

—¿Qué te gusta comer en el almuerzo?
—Me gusta comer un sándwich y queso.

Write down your partner's response. When you're done, join a group of four or five classmates. Your partner will join another group.

Report your partner's preference to the group:

A Liliana le gusta comer un sándwich y queso.

¿Qué restaurante
te gusta?

¡HABLEMOS!

¿Qué hay para la cena?

—¿Qué hay para la cena?
—Hay jamón y zanahorias.
—Y, ¿qué más?
—También hay helado.

el pescado

la carne

el jamón

¡Me gusta el jamón!

**los espaguetis
con albóndigas**

el pavo

—¿Te gustan los guisantes?
—Sí, pero me gusta más el maíz.

los guisantes

el arroz

el maíz

la sopa

las zanahorias

Una familia chilena

 **Dinner times vary from country to country. In Mexico, dinner is served between 7:00 and 8:00 P.M. Children in Spain don't eat dinner until 9:30 or 10:00 at night! Then they have a light meal, and they're off to bed.**

PRACTIQUEMOS

A. You are taking care of your younger brother, but he's not being cooperative. Every time you suggest something for dinner, he says he doesn't want it.

PARTNER A: Look at the food item and ask your brother if he wants it for dinner.

PARTNER B: Answer "no."

—¿Quieres jamón para la cena?
—¡No! No quiero jamón.

1.

2.

3.

4.

5.

6.

7.

8.

9.

B. Pick a partner. Ask his or her opinion of different foods.

PARTNER A: Ask which food your partner likes better.

PARTNER B: Answer according to your preferences.

—¿Qué te gusta más, el pollo o el jamón?
—**Me gusta más el pollo.** OR **Me gusta más el jamón.**

1. ¿Qué te gusta más, los guisantes o las zanahorias?

2. ¿Qué te gusta más, las papas o el arroz?

3. ¿Qué te gusta más, la hamburguesa o el pavo?

4. ¿Qué te gusta más, la ensalada o el queso?

5. ¿Qué te gusta más, el pescado o los espaguetis con albóndigas?

6. ¿Qué te gusta más, el helado o la gelatina?

ENTRE AMIGOS

 If you could eat whatever you wanted for dinner, what would you have?

Work with a partner, and make a menu for each night of the week. Pick a main course, at least one side dish, and a dessert. Look at these menus for **lunes** and **martes:**

Lunes:
carne
papas
guisantes
sandía

Martes:
pollo
sopa
arroz
helado

After you finish, share your meal plans with other classmates.

¿CÓMO LO DICES?

Talking about having lunch

The verb that means "to have lunch" is **almorzar.** Read the sentences to see how to use it. See if you can tell why **almorzar** is different from regular **-ar** verbs.

Singular

Yo **almuerzo** al mediodía.

¿Almuerzas tú a las once?

Ella **almuerza** a la una y media.

Plural

Nosotros **almorzamos** a la una.

¿Uds. **almuerzan** a la una?

Ellos **almuerzan** a las dos.

Did you notice that the letter **o** changes to **ue** in most of the forms of **almorzar?** The only form that doesn't change in this way is the **nosotros** form (**almorzamos**).

The verb **probar**, which means "to taste" or "to try," is another verb that is like **almorzar:**

Pruebo la sopa.

Probamos los espaguetis.

How would you ask a friend if he's tasting something? How would you say that someone else is tasting something?

Blanca prueba una uva.

A. You and your friends eat lunch at different times. Look at the times and say when everyone eats.

Diego y Carolina / al mediodía
Diego y Carolina almuerzan al mediodía.

1. Marta / a las doce y media

2. Yo / a las once

3. Sra. Franco / a la una menos cuarto

4. Elisa y Ramón / a la una menos cuarto

5. Angélica / a las dos

6. Roberto y yo / a las once

7. Los hermanos de Roberto / a la una y cuarto

¿Qué comen las niñas?

B. Your school cafeteria is having a buffet lunch. Your teacher wants to know who is trying the different food dishes.

PARTNER A: You're the teacher. Look at the name and ask what the person is trying.

PARTNER B: You're the student. Answer the teacher according to the words in parentheses.

Lorena (la ensalada y las papas)
—**¿Qué prueba Lorena?**
—**Ella prueba la ensalada y las papas.**

1. La Sra. Ortiz (la sopa y la fruta)

2. Tú (el sándwich de pescado)

3. Adriana y Juan (las legumbres)

4. Manuel (el pavo y la ensalada)

5. María y tú (las zanahorias y el maíz)

6. Ernesto y Víctor (el helado de chocolate)

ENTRE AMIGOS

 Work with a group of five or six classmates. Find out when everyone eats lunch on the weekends.

—Pablo, ¿cuándo almuerzas tú los fines de semana?
—Los sábados almuerzo a las doce y media. Almuerzo a las dos de la tarde los domingos.

—Rita y Ana, ¿a qué hora almuerzan ustedes los fines de semana?
—Siempre almorzamos a la una los fines de semana.

Have a group secretary write down the answers. Then have him or her report to the class.

Una heladería en Perú

¿Cómo lo dices?

What can you do?

An important verb to know in Spanish is **poder,** which means "to be able to." Here's how you use it:

Singular

Puedo cantar.

Plural

Podemos bailar.

¡**Puedes** pintar!

¿Uds. **pueden** cocinar?

Puede caminar.

Pueden correr.

To say that someone can or can't do something, use a form of **poder** + another verb.

Did you see that the **o** changed to **ue** in most of the forms of **poder?** What other verbs do you know that do that?

A. You're trying to organize a party. You need to know what different people can do to help, so you are asking them.

PARTNER A: Ask what your friends can do.
PARTNER B: Answer according to the words in parentheses.

—Elena y Rodrigo, ¿qué pueden hacer? (cocinar hamburguesas)
—**Podemos cocinar hamburguesas.**

1. Margarita, ¿qué puedes hacer? (traer un mantel y las servilletas)

2. Ramón, ¿qué puede hacer Hortensia? (quitar el polvo)

3. Susana y Guillermo, ¿qué pueden hacer? (pasar la aspiradora)

4. Jaime y Gregorio, ¿qué pueden hacer? (lavar los platos)

5. Sr. Olvida, ¿qué pueden hacer usted y Alma? (limpiar el piso)

6. Carmencita, ¿qué puedes hacer? (traer la música)

B. You're trying to get together with some people for dinner, but everyone's pretty busy. Say the time that people can come for dinner.

Miguel / a las ocho
Miguel puede cenar a las ocho.

1. Paty / a las siete

2. Rocío y Luis / a las ocho

3. El Sr. Durán / a las seis en punto

4. Silvio y yo / a las nueve y cuarto

5. Tú / a las seis y media

With a partner, think of five silly questions you can ask. Write them down. Then ask other students your silly questions. Here are some examples:

¿Puedes poner diez platos en la cabeza?
¿Pueden ustedes comer sus libros?
¿Puedes almorzar en el techo?

¿CÓMO LO DICES?

Who likes what?

You've already learned how to use the verb **gustar** to talk about what you like, to ask a friend what he or she likes, and to say what someone else likes.

¿Te gusta el maíz?	Sí, **me gusta** el maíz.
¿Te gustan las legumbres?	No, no **me gustan** las legumbres.
¿A Marina **le gusta** el pescado?	Sí, **le gusta** el pescado.

Now look at these sentences to see how to say that you and someone else like something.

Nos gusta la ensalada.

Nos gustan las legumbres.

And here's how to say that several other people like something, or more than one thing.

Les gusta el queso.

Les gustan las papas fritas.

If you want to ask who likes something, you ask **¿A quién le gusta...?**

¿A quién le gusta el helado?

A nosotros nos gusta el helado.

A ellas les gusta el helado.

To be very clear about who likes something, Spanish-speakers use **a** + a person's name or a word that stands for a person's name, such as **él, ella, nosotros,** or **ustedes.** When talking about yourself or talking to a friend, use **a mí** or **a ti:**

A mí me gusta el helado.
¿A ti te gusta el helado?

A. Amalia just moved into your neighborhood. She wants to know all about you and your friends—the things you like, as well as the things you like to do. Answer her questions.

—¿Les gusta la clase de música?
—**Sí, nos gusta.**

1. ¿Les gustan las zanahorias?

2. ¿Les gusta poner la mesa?

3. ¿Les gusta limpiar el cuarto?

4. ¿Les gustan las hamburguesas con queso?

5. ¿Les gusta almorzar en la escuela?

6. ¿Les gusta cenar con amigos?

7. ¿Les gustan las frutas?

8. ¿Les gustan los huevos fritos?

B. You want to know more about what your friend likes, so you ask questions about food and other things.

PARTNER A: Ask your friend the different questions about what he or she likes.

PARTNER B: Answer the questions according to what you like.

—¿A ti te gusta almorzar a las dos de la tarde?
—**No, no me gusta.**

1. ¿A ti te gustan los huevos revueltos?

2. ¿A ti te gusta traer el radio a la sala?

3. ¿A ti te gusta tomar café con leche?

4. ¿A ti te gusta regar las plantas?

5. ¿A ti te gustan los espaguetis con albóndigas?

6. ¿A ti te gusta usar la computadora?

7. ¿A ti te gusta bailar?

8. ¿A ti te gusta el pescado?

9. ¿A ti te gustan las legumbres?

10. ¿A ti te gustan las hamburguesas?

C. You and some friends are sitting around your living room trying to figure out who likes what.

PARTNER A: Look at the picture, and complete the question.

PARTNER B: Answer according to the word in parentheses.

¿A quién le gusta ? (yo)

—¿A quién le gusta el arroz?
—A mí me gusta el arroz.

1. ¿A quién le gustan ? (ustedes)

2. ¿A quién le gustan ? (él)

3. ¿A quién le gusta ? (Juanita)

4. ¿A quién le gustan ? (nosotras)

5. ¿A quién le gusta ? (tú)

6. ¿A quién le gusta ? (ellos)

ENTRE AMIGOS

 Get together with two other classmates and read the article below. Help each other with unfamiliar words.

La buena comida para la buena salud

Hay cuatro grupos básicos de comida. Cada día tienes que comer algo de cada grupo. Estas comidas tienen las vitaminas, los minerales y las proteínas para mantener la buena salud.

A	B	C	D
pan	zanahorias	jamón	leche
arroz	guisantes	frijoles	queso
tortillas	chiles	huevos	yogur
cereales	plátanos	pollo	helado
avena	mangos	carne	

Now that you and your classmates have read the article, can you name other foods that belong to each group?

¡A divertirnos!

This nonsense rhyme is named after a popular dessert item, **arroz con leche** (rice pudding). It can be heard among kids in a number of Spanish-speaking countries. There are several versions. Here's one. (**Te casarás** means "you'll get married.")

Arroz con leche

Arroz con leche
te casarás
con una señorita de
San Nicolás.

Now learn how to make **arroz con leche.** It's easy! Ask an adult to help you with the cooking part.

You'll need:

1 cup of cooked rice
2 cups of milk
1/2 cup of sugar
1 tablespoon of cinnamon

Mix the ingredients in a saucepan. Cook over medium-low heat for 20–25 minutes, or until the rice has absorbed all the milk. Let cool and serve. Sprinkle cinnamon over the top.

Todos los días...

How does your day begin every morning?
How does it end at night?

Like most people, you probably have routines you go through every day, from the time you wake up in the morning until the time you go to bed.

In this unit, you'll:

- Talk about your daily routines

- Talk about other activities you do

- Discuss things you do for yourself and things others do for themselves

- Learn more about what kids in Spanish-speaking countries do

Elena se peina.

La puesta del sol en las Islas Galápagos, Ecuador

¿Sabes que...?

In Spanish-speaking countries:

- Kids usually don't use school buses to get to school. They walk, get rides with family or friends, or take public transportation.

- In Spanish, to say "Sweet dreams" you say *¡Que sueñes con los ángeles!* (May you dream of the angels!)

- In some places in Latin America, school starts at 7 A.M. Kids must rise and shine as early as 5 A.M. to get ready for school.

¿A qué hora te levantas?

¡HABLEMOS!

¿Qué haces por la mañana?

—¿Qué haces por la mañana?

—Primero, me despierto. Luego, me levanto y me cepillo los dientes...

Me despierto.
despertarse

Me levanto.
levantarse

Me cepillo los dientes.
cepillarse

Me lavo.
lavarse

Me seco.
secarse

Me pongo la ropa.
ponerse

Me peino.
peinarse

—Y, por último, ¿qué haces?

—Por último, me voy a la escuela.

Me voy a la
escuela.
irse

¡Nos gusta ir a la escuela!

PRACTIQUEMOS

A. Teresa wants to know what you do every morning. Tell her what you do according to the pictures.

A las seis _____.
A las seis me despierto.

1. A las seis y dos _____.

2. A las seis y cinco _____.

3. A las seis y diez _____.

4. A las seis y veinte _____.

5. A las seis y media _____.

6. A las siete menos veinte _____.

B. Look at these pictures of morning routines and put them in the order in which you do them. Then get together with a partner and answer questions about what you do first, next, and last.

1. ¿Qué haces primero?

2. ¿Qué haces luego?

3. ¿Qué haces por último?

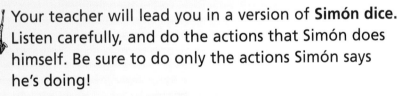

ENTRE AMIGOS

Your teacher will lead you in a version of **Simón dice.** Listen carefully, and do the actions that Simón does himself. Be sure to do only the actions Simón says he's doing!

> **Simón dice...me pongo la ropa.**
> **Simón dice...me lavo.**
> **¡Me peino!**

Now take turns with your classmates, and lead the game yourself.

¡HABLEMOS!

¿Qué haces por la noche?

—¿Qué haces por la noche?

—Primero, vuelvo a la casa. Luego, me quito la ropa...

Vuelvo a la casa.
volver

Me quito la ropa.
quitarse

Me baño.
bañarse

Me acuesto.
acostarse

A mí me gusta
acostarme temprano.

Bueno, tengo
sueño. Voy a
acostarme.

Me cepillo los dientes
tres veces al día.

Así es... In some countries, like Spain and Argentina, bedtimes tend to be late. Since dinner often isn't until 8:00 or 9:00 in the evening, kids often don't go to bed before 10:30, even on school nights.

PRACTIQUEMOS

Help Gregorio say what he does every night to get ready for bed. Look at the picture and complete the sentence.

A las diez menos veinticinco _____.
A las diez menos venticinco me quito la ropa.

1. A las diez menos veinte _____.

2. A las diez menos cuarto _____.

3. A las diez menos doce _____ el pijama.

4. A las diez en punto _____.

ENTRE AMIGOS

 Keep a journal for three days, noting the times you do things in the morning and at night.

Write the time you wake up in the morning, as well as the times you do different things to get ready for school. You should also write the time you leave for school. Then write the time you get back home from school, and the times you do things to get ready for bed.

Look at Ana's entry for **lunes:**

Lunes: **por la mañana**

Me despierto a las seis y media.

Me levanto a las siete menos cuarto.

Me baño a las siete menos cinco.

Me cepillo los dientes a las siete y cinco.

Me pongo la ropa a las siete y cuarto.

Me peino a las siete y veinte.

Me voy a la escuela a las ocho menos veinte.

por la noche

Vuelvo a la casa a las cuatro.

Me pongo el pijama a las nueve.

Me cepillo los dientes a las nueve y cinco.

Me lavo a las nueve y diez.

Me seco a las nueve y trece.

Me acuesto a las nueve y media.

At the end of three days, compare your journal with a partner's. How similar are your routines?

¿CÓMO LO DICES?

Talking about closing things

Each day you open and close all sorts of things. You already know how to talk about opening things. The verb "to close" in Spanish is **cerrar.** Here's how to use it.

Singular	**Plural**

Cierro la puerta.

Cerramos las ventanas.

¿**Cierras** la puerta del dormitorio?

¿Uds. **cierran** la puerta?

Él **cierra** la puerta.

Ellos **cierran** la puerta y las ventanas.

Did you notice that in most cases, there's an **i** added?

Two other useful verbs that change in this way are **pensar,** which means "to think" or "to plan," and **comenzar,** which means "to begin."

Pienso estudiar.

Ellos **comienzan** a nadar ahora.

Singular			
	cerrar	**pensar**	**comenzar**
yo	cierro	pienso	comienzo
tú	cierras	piensas	comienzas
él ella usted	cierra	piensa	comienza

Plural			
nosotros, nosotras	cerramos	pensamos	comenzamos
ellos ellas ustedes	cierran	piensan	comienzan

A. A thunderstorm is approaching, so you're closing up the house. Each time you close something, your mother asks if you're closing the kitchen windows. Answer her patiently.

la puerta de la cocina   —¿Cierras las ventanas de la cocina?
—**No, Mamá, cierro la puerta de la cocina.**

1. las ventanas de la sala

2. la puerta grande

3. la ventana de tu dormitorio

4. la puerta del garaje

5. las ventanas del despacho

6. las puertas del patio

B. The people in your school have very precise schedules and routines that they follow every day. Tell when everyone starts doing things.

A las cuatro en punto, tú y yo _____ a nadar.
A las cuatro en punto, tú y yo comenzamos a nadar.

1. A las nueve en punto, yo _____ a estudiar.

2. A las diez y media, la profesora _____ la clase de ciencias sociales.

3. A las doce, tú y yo _____ a almorzar.

4. A la una en punto, el profesor _____ la clase de arte.

5. A las dos en punto, Juan y yo _____ a correr en el gimnasio.

6. A las tres y cinco, yo _____ a recoger mis libros.

C. The house is a mess. Your mother wants to know if the rest of the family is planning to help clean up.

PARTNER A: You are the mother. Ask if the person is planning to do the task that is in the picture.

PARTNER B: Answer yes.

—¿Piensas colgar la ropa?
—Sí, pienso colgar la ropa.

tú

1. tu papá   **2.** tus hermanas   **3.** Elena y tú   **4.** ustedes

ENTRE AMIGOS

Ask five different classmates when they plan to do their homework **(hacer la tarea)** this weekend: Friday, Saturday, or Sunday? Write down the answers and report them to the class. You can use this question form:

¿Cuándo piensas hacer la tarea este fin de semana?

¿Cómo lo dices?

Talking about doing things for yourself

One of the routine things you do for yourself is to get up in the morning. Look at these sentences to see how to use the verb **levantarse.**

Singular

Me levanto a las seis.

Plural

Nos levantamos a las siete.

¿A qué hora **te levantas?**

¿A qué hora **se levantan** Uds.?

Él **se levanta** a la salida del sol.

Ellos **se levantan** ahora.

Did you notice the words that came before the different verb forms: **me, te, se,** and **nos?**

These words are called reflexive pronouns. They are always used before verbs such as **levantarse, bañarse,** and **secarse.**

Singular			
	levantarse	**bañarse**	**secarse**
yo	**me** levanto	**me** baño	**me** seco
tú	**te** levantas	**te** bañas	**te** secas
él ella usted	**se** levanta	**se** baña	**se** seca

Plural			
nosotros, nosotras	**nos** levantamos	**nos** bañamos	**nos** secamos
ellos ellas ustedes	**se** levantan	**se** bañan	**se** secan

These verbs are called "reflexive verbs." In this unit you have learned other reflexive verbs, too. All reflexive verbs help you to talk about actions you do for yourself, such as brushing your teeth **(cepillarse los dientes),** combing your hair **(peinarse),** and taking off your clothes **(quitarse la ropa).**

A. You've decided to vary your routine this week. Answer your friend's questions about when you're getting up each day.

PARTNER A: Ask your friend the question.
PARTNER B: Answer according to the time.

—¿A qué hora te levantas el lunes? (las siete)
—El lunes me levanto a las siete.

1. ¿A qué hora te levantas el martes? (las siete y cuarto)

2. ¿A qué hora te levantas el viernes? (las siete y cinco)

3. ¿A qué hora te levantas el miércoles? (las seis y diecinueve)

4. ¿A qué hora te levantas el sábado? (las ocho y media)

5. ¿A qué hora te levantas el jueves? (las seis en punto)

B. Help Amalia explain to a visitor about the morning routines of her family. Complete her sentences with the correct words in parentheses.

Mi mamá (se lava, se lavan) la cara a las seis de la mañana.
Mi mamá se lava la cara a las seis de la mañana.

1. Mis hermanos (se levanta, se levantan) a las seis todos los días.

2. Alejandro (se baña, se bañan) primero.

3. Luego, mi hermana y yo (me lavo, nos lavamos) el pelo.

4. Mi papá y mi hermanita (se levanta, se levantan) por último.

5. Luisa y yo (me peino, nos peinamos) delante del espejo.

C. You're trying to explain to a friend how busy it is at your house at 7 A.M. He keeps asking questions. Sometimes he's right, but sometimes he isn't.

PARTNER **A:**   Ask the question using the words that are provided.

PARTNER **B:**   Answer according to the happy or sad face.

tú / lavarse la cara

—**¿Te lavas la cara a las siete de la mañana?**
—**No, no me lavo la cara a las siete.**

1. tu mamá / bañarse

2. tu hermano y tú / levantarse

3. tu hermano / peinarse

4. tu papá y tu hermana / cepillarse los dientes

5. Ustedes / quitarse la ropa

Una mola panameña

ENTRE AMIGOS

Get together with a partner. Pick one of the pictures below and create a short story around it. Find at least five different things to say about the person or people in the picture. What do they do first? Next? Last? At what time do they do it? Where do they do it?

Martina

Rosalía

Raúl y Francisco

Teodoro y Paco

Once you've prepared your story, get together with another pair. Take turns telling each other your stories.

¿Cómo lo dices?

Talking about other routine activities

Here are some more verbs for very common activities: leaving, going to bed, and waking up.

irse

Singular		Plural	
yo	me **voy**	nosotros, nosotras	nos **vamos**
tú	te **vas**		
él ella usted	se **va**	ellos ellas ustedes	se **van**

acostarse (ue)

Singular		Plural	
yo	me ac**ue**sto	nosotros, nosotras	nos acostamos
tú	te ac**ue**stas		
él ella usted	se ac**ue**sta	ellos ellas ustedes	se ac**ue**stan

despertarse (ie)

Singular		Plural	
yo	me desp**ie**rto	nosotros, nosotras	nos despertamos
tú	te desp**ie**rtas		
él ella usted	} se desp**ie**rta	ellos ellas ustedes	} se desp**ie**rtan

¡ÚSALO!

A. Your little brother sometimes doesn't understand about doing things in the right order. Correct his mistakes.

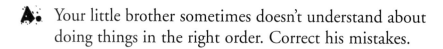

—Primero me levanto y luego me despierto.
—**No, primero te despiertas y luego te levantas.**

1. Primero me pongo la ropa y luego me baño.

2. Primero me acuesto y luego me pongo el pijama.

3. Primero me voy a la escuela y luego me pongo la chaqueta.

4. Primero me lavo la cara y luego me despierto.

5. Primero me acuesto y luego me cepillo los dientes.

B. The Velásquez twins do everything together, including answering your questions about their routines.

PARTNER A: Ask the question of the twins.
PARTNER B: You're the Velásquez twins. Answer according to the time on the clock.

—¿A qué hora se levantan?
—**Nos levantamos a las siete.**

1. ¿A qué hora se despiertan?

2. ¿A qué hora se despiertan los sábados?

3. ¿A qué hora se ponen la ropa?

4. ¿A qué hora se van a la escuela?

5. ¿A qué hora se van de la casa los sábados?

6. ¿A qué hora se acuestan los sábados?

ENTRE AMIGOS

You are writing an essay for your school newspaper. It's about a Saturday in the life of a student.

Interview one of your classmates using the list of questions. Be sure to write down the responses.

1. ¿A qué hora te despiertas los sábados?
2. ¿Te lavas el pelo los sábados?
3. ¿Te bañas los sábados?
4. ¿A qué hora te pones la ropa?
5. ¿Cuándo te vas de la casa, por la mañana o por la tarde?
6. ¿A qué hora te acuestas los sábados?

Read María's essay:

Un sábado en la vida de Horacio

por María Pinelas

Horacio se despierta a las nueve todos los sábados. No se lava el pelo. No se baña. Se pone la ropa al mediodía. Se va de la casa por la tarde. Se acuesta a las once y media todos los sábados. ¡Qué muchacho!

Mi papá se peina delante del espejo.

¡A divertirnos!

 Work with a partner. Create a comic strip about a family that does things at unusual times, or in funny ways. Look at this example:

When you've finished, present your comic strip to the class or a group of your classmates.

¿Qué hacen en la escuela?

Many people work very hard to make your school a good place to be. Do you know who they are?

When you stop to think about it, there is a lot more to a school than just the teachers and students. There are principals, secretaries, custodians, librarians....

In this unit, you're going to:

- Talk about different places in your school
- Learn about the people who work there
- Talk about what you know how to do
- Compare people and things
- Learn to use words that have opposite meanings

La directora
visita una clase.

¿Necesitan la ayuda del bibliotecario?

¿Sabes que...?

In Spanish-speaking countries:

● It's not that common for schools to have their own cafeterias. In fact, in some places, students go home for lunch.

● Students usually don't have lockers at school to store books, coats, and other things. They carry book bags.

● The gymnasium and the auditorium are often the same place—just as they are in many schools in the United States.

Los alumnos suben
las escaleras.

¡HABLEMOS!

¿Quién trabaja en la escuela?

—¿Quién trabaja en la oficina?

—La secretaria trabaja en la oficina.

la oficina

la secretaria

la directora

el secretario

la biblioteca

la bibliotecaria

el bibliotecario

—Tengo que hablar con los cocineros. ¿Dónde están?

—Están en el comedor. Allá trabajan.

el comedor

la cocinera   el cocinero

la enfermería

el enfermero   la enfermera

PRACTIQUEMOS

A. Look at the picture and answer the question **¿Dónde trabaja?**

El señor Herrera trabaja en la oficina.

Sr. Herrera
Director

1. Sra. Chávez
Enfermera

2. Sr. Cervantes
Cocinero

3. Srta. Luna
Secretaria

4. Sra. Fuentes
Bibliotecaria

B. One of your cousins is visiting and you brought him to school. Answer his questions about the people you see in the pictures in Exercise A.

| PARTNER A: | Ask the question. |
| PARTNER B: | Answer your cousin's question with the correct information. |

—¿Es el señor Herrera el secretario?
—**No, es el director.**

1. ¿Es la señorita Luna la bibliotecaria?

2. ¿Es la señora Chávez la cocinera?

3. ¿Es el señor Cervantes el enfermero?

4. ¿Es la señora Fuentes la directora?

ENTRE AMIGOS

Work with a partner and write down the names of the different people who work in your school:

- **los directores**
- **los secretarios**
- **los bibliotecarios**
- **los cocineros**
- **los enfermeros**

If there is a job that doesn't exist in your school, write that down as well:

No hay (bibliotecario).

When you are finished, compare your list with another pair. Did you miss anybody?

En nuestra escuela hay dos secretarios.

¡HABLEMOS!

¿Dónde trabajan en la escuela?

—¿Dónde trabajan los maestros?
—Trabajan en los salones de clase.

los salones de clase

la maestra

el maestro

la fuente de agua

el pasillo

el conserje   la conserje

A veces los conserjes trabajan en el pasillo.

—¿Hay un auditorio en la escuela?
—Sí, hay un auditorio.

el auditorio

las escaleras

subir las escaleras

bajar las escaleras

la salida / la entrada

Así es...

In many Latin American schools, the janitors live on the school grounds. That way, they can take care of the school when no one is around, especially on weekends.

PRACTIQUEMOS

A. You're playing a game with a friend. You've blindfolded her and are taking her around the school. She has to guess where you are just by listening to the sounds.

PARTNER A: You're blindfolded. Guess where you are by asking the questions.

PARTNER B: Tell where you are according to the pictures.

—¿Estamos en el pasillo?
—**No, estamos en la entrada.**

1. ¿Estamos en el comedor?

2. ¿Estamos en la oficina?

3. ¿Estamos en el auditorio?

4. ¿Estamos en las escaleras?

5. ¿Estamos en la salida?

6. ¿Estamos en un salón de clase?

B. Your little sister is asking you questions about where different people work at school. Answer her questions.

> los maestros —¿Dónde trabajan los maestros?
> —Trabajan en los salones de clase.

1. la directora   **3.** el secretario   **5.** el conserje

2. las enfermeras   **4.** la bibliotecaria   **6.** los cocineros

C. Pedro is new at school and he doesn't know where to go or how to get there. Help him out by telling him where he needs to go and whether he has to go up or down the stairs.

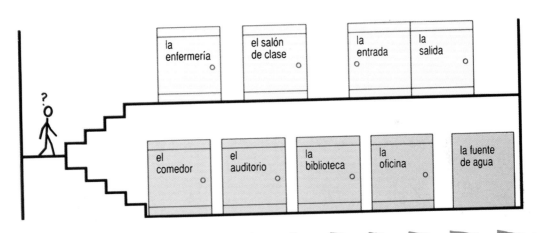

> —Estoy muy mal y tengo dolor.
> —Tienes que ir a la enfermería. Tienes que subir las escaleras.

1. Tengo mucha hambre.

2. Tengo que hablar con el bibliotecario.

3. Tengo sed.

4. Tengo que usar el teléfono.

5. Tengo que hablar con el maestro.

6. Tengo que ir a casa.

ENTRE AMIGOS

 Do you know where the library is in your school? Do you know where the water fountain is?

Work with a partner. Draw a map of your school on a large piece of paper. Label all the places you can. Your teacher can help you with words you don't know.

After you've finished, get together with another pair and compare your maps.

¿Puedes hacer un mapa de tu escuela?

¿CÓMO LO DICES?

Talking about what you know how to do

You know how to do lots of things. In Spanish, you use the verb **saber** to talk about what you know and what you know how to do. These sentences show you how to use it.

Singular	**Plural**

Yo **sé** cocinar.

Sabemos nadar muy bien.

¿No **sabes** patinar?

¿Uds. no **saben** pintar?

Él no **sabe** peinarse.

Ellos **saben** bailar.

To talk about knowing how to do something, use one of the forms of **saber** plus an action verb.

¡ÚSALO!

A. You're spending the weekend with your friend Mercedes. Her sister is interested in what you know how to do. Answer her questions based on the pictures.

—¿Sabes poner la mesa?
—**Sí, sé poner la mesa.**

1. ¿Sabes usar la computadora?

2. ¿Sabes leer en español?

3. ¿Sabes cocinar pescado?

4. ¿Sabes patinar?

5. ¿Sabes lavar la ropa?

6. ¿Sabes practicar los deportes?

B. Your grandfather wants to know what you and your friends know how to do.

PARTNER A: You're the grandfather. Ask the questions.

PARTNER B: Answer based on the pictures.

—¿Qué sabe hacer Sergio?
—**Sergio sabe escribir.**

1. ¿Qué sabes hacer tú? **2.** ¿Qué sabe hacer Victoria? **3.** ¿Qué saben hacer Julia y Pepe?

4. ¿Qué saben hacer Luis y tú? **5.** ¿Qué sabe hacer Carlos? **6.** ¿Qué saben hacer Inés y tú?

ENTRE AMIGOS

On a piece of paper, list some of the things you know how to do. Then list some things you don't know how to do.

Get together with three or four classmates and compare lists. How many things do you all know how to do?

Look at Javier's list.

Sí

1. Sé cantar.
2. Sé estudiar.
3. Sé nadar muy bien.
4. Sé usar el equipo de sonido.

No

1. No sé bailar
2. No sé planchar la ropa.
3. No sé usar la computadora.
4. No sé cocinar bien.

¿Cómo lo dices?

Using words with opposite meanings

You've already learned to use several words that are opposites.

Siempre almuerzo en la escuela.

Nunca almuerzo en la escuela.

Here are some additional words that are opposites. Can you tell what they mean?

Alguien está en el oficina.

Nadie está en la oficina.

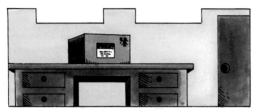

Algo está en el escritorio.

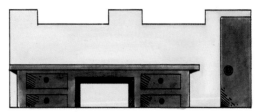

Nada está en el escritorio.

If you use **alguien** to talk about "someone," what do you think **nadie** means? If **nada** means "nothing," what does **algo** mean?

Plaza San Martín, Lima, Perú.
¿Está alguien en la plaza?

¡ÚSALO!

A. You've just been handed a questionnaire about your habits. Tell whether you always or never do these things.

> —¿Vas a la escuela los domingos?
> —**No, nunca voy a la escuela los domingos.**

1. ¿Lavas la ropa los sábados?

2. ¿Te bañas a la medianoche?

3. ¿Te acuestas a las diez de la noche?

4. ¿Llevas un impermeable cuando llueve?

5. ¿Te despiertas a las cinco de la mañana?

B. Is someone in the picture or not? Complete the sentences with **alguien** or **nadie.**

_____ está en la cocina.
Nadie está en la cocina.

1. _____ está en la oficina.

2. _____ está en la enfermería.

3. _____ está en el pasillo.

4. _____ está en la biblioteca.

¿Quién está en la cocina?

C. Are your eyes playing tricks on you? Say if something or nothing is there.

_____ está en la silla.
Algo está en la silla.

1. _____ está en la fuente de agua.

2. _____ está en el papel.

3. _____ está en el ropero.

4. _____ está en el plato.

5. _____ está en la mesa.

6. _____ está debajo de la cama.

D. Play a game with a partner. Say a sentence with one of the words below. Your partner has to say the opposite sentence as quickly as possible. See how long you can keep it going.

alguien	algo	siempre
nada	nadie	nunca

—**Nadie estudia en la biblioteca.**
—**Sí, alguien estudia en la biblioteca.**

¿CÓMO LO DICES?

Making comparisons

Here is how you can compare people and things:

Inés es alta.

Dolores es **más alta que** Inés.

Rita es **la más alta.**

Paco es atlético.

David es **más atlético que** Paco.

Saúl es **el más atlético.**

You've already practiced comparing two people in an earlier unit. How do you say that one person is "more..." than the other?

To say that someone is "the most...," you use **la más** or **el más** followed by a descriptive word. You use the same words to compare two or more things.

La clase de arte es **más** fácil **que** la clase de ciencias.

La clase de español es **la más** fácil de todas las clases.

Mi libro es **menos** grande **que** tu libro.

El libro de Iris es **el más** pequeño de todos.

¿Quién es más alto, el muchacho o la muchacha?

Ana es la más simpática de todos.

○ **A.** Your friends are quite different from one another. Use the pictures to answer the questions about them.

—¿Es Ana más alta que Lorena?
—**No, Lorena es más alta que Ana.**

Lorena   Ana

Miguel   Paco

1. ¿Es Miguel más fuerte que Paco?

Samuel   Óscar

2. ¿Es Samuel más grueso que Óscar?

María   Rosa

3. ¿Es el pelo de María más rizado que el pelo de Rosa?

Nora   Emilio

4. ¿Es Emilio más feliz que Nora?

B. A friend is talking about the other people in class. See if you can top her.

> **PARTNER A:** You're the friend. Use the words to make the comparison.
>
> **PARTNER B:** Say that the person in parentheses is "the most...."

Ana / alta / Tere
(Paz)

—**Ana es más alta que Tere.**
—**Paz es la más alta.**

1. Luz / impaciente / Enrique (Ángela)

2. Carolina / generosa / Alicia (Tomás)

3. La Sra. Delgado / inteligente / la Sra. Ruiz (Srta. Falla)

4. Lidia / gruesa / Arturo (María)

5. Ofelia / atlética / David (Jorge)

C. You're talking with a friend about people you know. You're comparing who is **el más...** or **la más....**

> **PARTNER A:** Choose a descriptive word to talk about a person using **el más** or **la más.**
>
> **PARTNER B:** Use the same descriptive word to talk about another person.

| inteligente | fuerte | cómico | tímido | impaciente |
| alto | atlético | simpático | generoso | delgado |

—**Mi papá es el más alto de toda mi familia.**
—**Miguel es el más alto de todos los alumnos.**

Each person has to talk about three people.

ENTRE AMIGOS

 As an end-of-the-year joke, your friend Pablo has sent you **una carta loca** (a crazy letter).

Work with a partner. Find the five things in this letter that don't make sense, and write them on a piece of paper. Then compare your list with other classmates' lists.

Now try writing your own **carta loca.**

Estimado amigo,

Me llamo Pablo Hernández y vivo en Puerto Rico. Estudio en la escuela más interesante del mundo.

Mi escuela tiene una oficina para la directora y el autobús. Hay ocho salones de clase y un comedor. En el comedor trabajan un cocinero y dos caballos. Tenemos un gimnasio grande, y practicamos los deportes en la biblioteca.

El conserje se llama don Carlos. Es un hombre muy inteligente. Habla inglés, español y matemáticas.

A mí me gustan mucho mis clases. Tengo clases de inglés, matemáticas, español y ciencias sociales. La clase de inglés es más difícil que la clase de matemáticas. Pero la clase más difícil es la clase de patios.

Por favor, escríbeme pronto.

Tu amigo,
Pablo

¡A divertirnos!

Get together with a partner. Pick someone who works in your school, and write them a thank-you card for their help during the school year. You can pick the principal, the school secretary, one of your teachers, or whomever you want. It's up to you!

Carla and Alberto picked the school nurse. Read what their card says:

Es la más simpática de todas las enfermeras del mundo.

¡Hasta el próximo año!

Carla y Alberto

Deliver the card to the person you wrote it for. Explain it to them if they can't read Spanish and be sure to tell them...

¡Hasta el próximo año!
See you next year!

APPENDIX
VERBS

Regular Verbs

-ar Verbs: Model **cocinar**

Singular		Plural	
yo	cocino	nosotros, nosotras	cocinamos
tú	cocinas	vosotros, vosotras	cocináis
él, ella, usted	cocina	ellos, ellas, ustedes	cocinan
Gerund: cocinando		Familiar command: ¡cocina!	

-er Verbs: Model **comer**

Singular		Plural	
yo	como	nosotros, nosotras	comemos
tú	comes	vosotros, vosotras	coméis
él, ella, usted	come	ellos, ellas, ustedes	comen
Gerund: comiendo		Familiar command: ¡come!	

-ir Verbs: Model **abrir**

Singular		Plural	
yo	abro	nosotros, nosotras	abrimos
tú	abres	vosotros, vosotras	abrís
él, ella, usted	abre	ellos, ellas, ustedes	abren
Gerund: abriendo		Familiar command: ¡abre!	

Stem-Changing Verbs

o to ue: Model almorzar

Singular		Plural	
yo	almuerzo	nosotros, nosotras	almorzamos
tú	almuerzas	vosotros, vosotras	almorzáis
él, ella, usted	almuerza	ellos, ellas, ustedes	almuerzan
Gerund: almorzando		Familiar command: ¡almuerza!	

e to ie: Model cerrar

Singular		Plural	
yo	cierro	nosotros, nosotras	cerramos
tú	cierras	vosotros, vosotras	cerráis
él, ella, usted	cierra	ellos, ellas, ustedes	cierran
Gerund: cerrando		Familiar command: ¡cierra!	

Irregular Verbs

Estar

Singular		Plural	
yo	estoy	nosotros, nosotras	estamos
tú	estás	vosotros, vosotras	estáis
él, ella, usted	está	ellos, ellas, ustedes	están

Irregular Verbs (continued)

Ir

Singular		Plural	
yo	voy	nosotros, nosotras	vamos
tú	vas	vosotros, vosotras	vais
él, ellas, usted	va	ellos, ellas, ustedes	van

Poner

Singular		Plural	
yo	pongo	nosotros, nosotras	ponemos
tú	pones	vosotros, vosotras	ponéis
él, ella, usted	pone	ellos, ellas, ustedes	ponen

Querer

Singular		Plural	
yo	quiero	nosotros, nosotras	queremos
tú	quieres	vosotros, vosotras	queréis
él, ella, usted	quiere	ellos, ellas, ustedes	quieren

Saber

Singular		Plural	
yo	sé	nosotros, nosotras	sabemos
tú	sabes	vosotros, vosotras	sabéis
él, ella, usted	sabe	ellos, ellas, ustedes	saben

Irregular Verbs (continued)

Ser

Singular		Plural	
yo	soy	nosotros, nosotras	somos
tú	eres	vosotros, vosotras	sois
él, ella, usted	es	ellos, ellas, ustedes	son

Tener

Singular		Plural	
yo	tengo	nosotros, nosotras	tenemos
tú	tienes	vosotros, vosotras	tenéis
él, ella, usted	tiene	ellos, ellas, ustedes	tienen

Traer

Singular		Plural	
yo	traigo	nosotros, nosotras	traemos
tú	traes	vosotros, vosotras	traéis
él, ella, usted	trae	ellos, ellas, ustedes	traen

Reflexive Verbs

Model **levantarse**

Singular		Plural	
yo	me levanto	nosotros, nosotras	nos levantamos
tú	te levantas	vosotros, vosotras	os levantáis
él, ella, usted	se levanta	ellos, ellas, ustedes	se levantan

Many verbs can become reflexive by adding *me*, *te*, *se*, *nos*, and *os* to the appropiate verb forms.

LOS NÚMEROS

0 cero		**34** treinta y cuatro		**68** sesenta y ocho		
1 uno		**35** treinta y cinco		**69** sesenta y nueve		
2 dos		**36** treinta y seis		**70** setenta		
3 tres		**37** treinta y siete		**71** setenta y uno		
4 cuatro		**38** treinta y ocho		**72** setenta y dos		
5 cinco		**39** treinta y nueve		**73** setenta y tres		
6 seis		**40** cuarenta		**74** setenta y cuatro		
7 siete		**41** cuarenta y uno		**75** setenta y cinco		
8 ocho		**42** cuarenta y dos		**76** setenta y seis		
9 nueve		**43** cuarenta y tres		**77** setenta y siete		
10 diez		**44** cuarenta y cuatro		**78** setenta y ocho		
11 once		**45** cuarenta y cinco		**79** setenta y nueve		
12 doce		**46** cuarenta y seis		**80** ochenta		
13 trece		**47** cuarenta y siete		**81** ochenta y uno		
14 catorce		**48** cuarenta y ocho		**82** ochenta y dos		
15 quince		**49** cuarenta y nueve		**83** ochenta y tres		
16 dieciséis		**50** cincuenta		**84** ochenta y cuatro		
17 diecisiete		**51** cincuenta y uno		**85** ochenta y cinco		
18 dieciocho		**52** cincuenta y dos		**86** ochenta y seis		
19 diecinueve		**53** cincuenta y tres		**87** ochenta y siete		
20 veinte		**54** cincuenta y cuatro		**88** ochenta y ocho		
21 veintiuno		**55** cincuenta y cinco		**89** ochenta y nueve		
22 veintidós		**56** cincuenta y seis		**90** noventa		
23 veintitrés		**57** cincuenta y siete		**91** noventa y uno		
24 veinticuatro		**58** cincuenta y ocho		**92** noventa y dos		
25 veinticinco		**59** cincuenta y nueve		**93** noventa y tres		
26 veintiséis		**60** sesenta		**94** noventa y cuatro		
27 veintisiete		**61** sesenta y uno		**95** noventa y cinco		
28 veintiocho		**62** sesenta y dos		**96** noventa y seis		
29 veintinueve		**63** sesenta y tres		**97** noventa y siete		
30 treinta		**64** sesenta y cuatro		**98** noventa y ocho		
31 treinta y uno		**65** sesenta y cinco		**99** noventa y nueve		
32 treinta y dos		**66** sesenta y seis		**100** cien		
33 treinta y tres		**67** sesenta y siete				

Hay doscientos alumnos en las escuela.
Hay trescientas sillas en el auditorio.
Hay cuatrocientas cincuenta uvas en la caja.
Hay novecientos veinticinco bolígrafos.
Hay mil quinientas cerezas en la mesa.

COUNTRIES AND NATIONALITIES

El país		La gente
la	**Argentina**	el argentino, la argentina
	Belice	el beliceño, la beliceña
	Bolivia	el boliviano, la boliviana
el	**Canadá**	el canadiense, la canadiense
	Colombia	el colombiano, la colombiana
	Costa Rica	el costarricense, la costarricense
	Cuba	el cubano, la cubana
	Chile	el chileno, la chilena
el	**Ecuador**	el ecuatoriano, la ecuatoriana
	El Salvador	el salvadoreño, la salvadoreña
	España	el español, la española
los	**Estados Unidos**	el estadounidense, la estadounidense
	Guatemala	el guatemalteco, la guatemalteca
	Honduras	el hondureño, la hondureña
	México	el mexicano, la mexicana
	Nicaragua	el nicaragüense, la nicaragüense
	Panamá	el panameño, la panameña
el	**Paraguay**	el paraguayo, la paraguaya
el	**Perú**	el peruano, la peruana
la	**República Dominicana**	el dominicano, la dominicana
el	**Uruguay**	el uruguayo, la uruguaya
	Venezuela	el venezolano, la venezolana

Otros lugares		La gente
el	**África**	el africano, la africana
el	**Brasil**	el brasileño, la brasileña
	Francia	el francés, la francesa
	Haití	el haitiano, la haitiana
	Portugal	el portugués, la portuguesa
	Puerto Rico	el puertorriqueño, la puertorriqueña

WORD LIST

SPANISH-ENGLISH

The Spanish-English Word List contains the Spanish words you've already learned in *¡Hola!*; the words you learn in each unit of *¿Qué tal?*; and words you come across in readings. A number in parentheses indicates the unit where a word was taught. (H) indicates that a word comes from *¡Hola!*

Here's a sample entry—a word and its English equivalent:

la **computadora** computer (H)

The **bold** letters in different type tell you that **computadora** is the entry. "La" tells you to use "la" (not "el") with **computadora**. (H) tells you that **computadora** was taught in one of the units of *¡Hola!*

Here's another entry:

el **refrigerador** (*pl.: refrigeradores*) refrigerator (6)

The abbreviation *pl. (plural)* tells you that **refrigeradores** is the word you use for more than one. (6) tells you that **refrigerador** is taught in **Unidad 6.**

Here are the complete Word List abbreviations:

Abbreviations

adj.	adjective	*inf.*	infinitive
adv.	adverb	*m.*	masculine
com.	command	*pl.*	plural
f.	feminine	*s.*	singular

A

a   to, at (H)
>**¡A divertirnos!**   Let's have fun! (H)
>**a veces**   sometimes (H)

el **abrelatas** (*m.; pl.: **abrelatas***)   can opener (6)

el **abrigo**   coat (2)

abril   April (H)

abrir   to open (6)

la **abuela**   grandmother (H)

el **abuelo**   grandfather (H)

los **abuelos**   grandparents (H)

aburrido, aburrida   boring (H)

acabar   to finish, to just finish (7)
>**acabar de** (+ *inf.*)   to have just (7)

acostarse (*reflexive*)   to go to bed, to lie down (11)

Adiós   Good-bye (H)

la **adivinanza**   riddle (8)

adivinar   to guess (8)

¿adónde?   (to) where? (H)

agosto   August (H)

ahora   now (H)

al (*a+el*)   to the (H)

las **albóndigas**   meatballs (10)

la **alfombra**   rug, carpet (5)

algo   something (12)

alguien   someone, somebody (12)

la **almohada**   pillow (5)

almorzar   to eat lunch (10)

el **almuerzo**   lunch (10)

alto, alta   tall (3)

la **alumna**   (female) student (H)

el **alumno**   (male) student (H)

amarillo, amarilla   yellow (H)

la **amiga**   (female) friend (H)

el **amigo**   (male) friend (H)

anaranjado, anaranjada   orange (color) (H)

el **animal** (*m.; pl.: **animales***)   animal (H)

el **aniversario**   anniversary (H)

antes   before (7)

el **año**   year (H)

el **apartamento**   apartment (4)

aprender   to learn (H)

el **arroz** (*m.*)   rice (10)

el **arte** (*m.*)   art (H)

así   so (H)

la **aspiradora**   vacuum cleaner (7)
>**pasar la aspiradora**   to vacuum (7)

atlético, atlética   athletic (3)

el **auditorio**   auditorium (12)

la **avena**   oatmeal (9)

el **azúcar** (*m.*)   sugar (8)

azul   blue (H)

B

bailar   to dance (H)

bajar   to descend, to go down (12)
>**bajar las escaleras**
>>to go down the stairs (12)

bajo, baja   short, small (3)

el **balcón** (*m.; pl.: **balcones***)   balcony (4)

la **bandera**   flag (H)

bañarse (*reflexive*)   to take a bath (11)
>**el traje de baño**
>>bathing suit, swimsuit (2)

barrer   to sweep (7)

básico, básica   basic (10)

la **basura**   trash (7)

la **bata**   bathrobe, robe (2)

la **batidora eléctrica**   electric mixer (6)

batir   to beat, to whip (6)

beber   to drink (9)

la **biblioteca**   library (H)

la **bibliotecaria**   (female) librarian (12)

el **bibliotecario**   (male) librarian (12)

bien   well (H)
>**Me queda bien.**   It fits me well. (2)
>**muy bien**   very well (H)

¡Bienvenidos!   Welcome! (H)

la **bisabuela**   great-grandmother (H)

el **bisabuelo**   great-grandfather (H)

los **bisabuelos**   great-grandparents (H)

blanco, blanca   white (H)

la **blusa** blouse (2)
la **boca** mouth (1)
el **bol** bowl (6)
el **bolígrafo** ballpoint pen (H)
la **bombilla** light bulb (6)
bonito, bonita pretty (2)
el **borrador** (*m.*) eraser (H)
las **botas** boots (2)
el **brazo** arm (1)
buen good (*before a s. m. noun*) (H)
bueno, buena good (H)
el **buzón** (*pl.: buzones*) mailbox (4)

C

la **cabeza** head (1)
el **café** coffee (9)
la **caja** box (6)
el **cajón** (*m.; pl.: cajones*) drawer (6)
los **calcetines** (*m.*) socks, knee socks (2)
el **calendario** calendar (H)
el **calor** heat (H)
la **cama** bed (5)
cambiar to change (8)
caminar to walk (H)
la **camisa** shirt (2)
la **camiseta** T-shirt, polo shirt, undershirt (2)
el **canario** canary (H)
cantar to sing (H)
la **cara** face (1)
la **carne** (*f.*) meat (10)
la **carta** letter (12)
el **cartel** (*m.*) poster (5)
la **casa** house, home (H)
castaño, castaña brown, chestnut (*hair*) (3)
la **ceja** eyebrow (1)
celebrar to celebrate (H)
la **cena** dinner (10)
cenar to have dinner (10)
cepillarse (*reflexive*) to brush oneself (11)

cepillarse los dientes (*reflexive*) to brush one's teeth (11)
la **cerca** fence (4)
cerca de near, close to (5)
el **cereal** cereal (9)
las **cerezas** cherries (8)
cerrar to close, to shut (11)
la **cesta** wastebasket, basket (H)
la **chaqueta** jacket (2)
la **chimenea** chimney (4)
el **chocolate** chocolate (9)
el chocolate caliente hot chocolate (9)
las **ciencias** science (H)
ciencias sociales social sciences (H)
el **cine** (*m.*) movie theater, movies (H)
la **cintura** waist (1)
el **círculo** circle (H)
claro clearly, of course (H)
la **clase** (*f.*) class (H)
el **coche** (*m.*) car (H)
la **cocina** kitchen (4)
cocinar to cook (6)
la **cocinera** (female) cook (12)
el **cocinero** (male) cook (12)
el **codo** elbow (1)
colgar to hang up (7)
el **color** (*pl.: colores*) color (H)
el **comedor** dining room (4); (school) cafeteria (12)
comenzar to begin, to start (11)
comer to eat (6)
cómico, cómica funny, amusing (3)
la **comida** food (10)
¿cómo...? how..? (H)
¿Cómo lo dices? How do you say it? (H)
¿Cómo te queda? How does it fit? (2)
comprar to buy (2)
comprender to understand (H)
la **computadora** computer (H)
con with (7)
el **conejo** rabbit (H)

la **conserje** (female) janitor, custodian (12)

el **conserje** (male) janitor, custodian (12)

correr to run (6)

las **cortinas** curtains (5)

corto, corta short (H)

la **crema** cream (8)

el **cuaderno** notebook (H)

el **cuadrado** square (H)

el **cuadro** painting, picture (5)

¿cuál? (*pl.: cuáles*) what?, which one? (H)

¿cuándo? when? (H)

¿cuánto? (*m. s.*), **¿cuánta?** (*f. s.*) how much? (H)

¿cuántos? (*m. pl.*), **¿cuántas?** (*f. pl.*) how many? (H)

el **cuarto** quarter (H); room (4)

el **cuarto de baño** bathroom (4)

la **cuchara** spoon, tablespoon (8)

la **cucharita** teaspoon (8)

el **cuchillo** knife (8)

el **cuello** neck (1)

el **cuerpo** body (1)

las partes del cuerpo parts of the body (1)

el **cumpleaños** birthday (H)

D

de of, in, from, to, at (H)

debajo de under, underneath (8)

débil weak (3)

el **dedo** finger (1)

delante de in front of (5)

delgado, delgada thin (3)

dentro de inside, in (4)

los **deportes** sports (H)

desayunar to have breakfast (9)

el **desayuno** breakfast (9)

el **despacho** studio, office (4)

despertarse (*reflexive*) to wake up (11)

detrás de behind (5)

el **día** (*m.*) day (H)

diciembre December (H)

el **diente** (*m.*) tooth (1)

difícil (*pl.: difíciles*) difficult (H)

el **director** (male) director, school principal (12)

la **directora** (female) director, school principal (12)

divertido, divertida amusing, fun (H)

¡A divertirnos! Let's have fun! (H)

doler to hurt, to ache (1)

Le duele el brazo. His/Her arm hurts. (1)

Le duelen los brazos. His/Her arms hurt. (1)

Me duele el brazo. My arm hurts. (1)

el **dolor** (*m.; pl.: dolores*) pain (H)

el **domingo** Sunday (H)

los domingos on Sundays (H)

¿dónde? where? (H)

el **dormitorio** bedroom (4)

E

la **educación física** physical education (H)

el (*m. s.*) the (H)

él he (H)

eléctrico, eléctrica electric, electrical (6)

ella she (H)

ellas they (4)

ellos they (4)

en in, on (H)

en punto on the dot, sharp (*time*) (H)

el **enchufe** (*m.*) plug (6)

enero January (H)

la **enfermera** (female) nurse (12)

la **enfermería** infirmary (12)

el **enfermero** (male) nurse (12)

la **ensalada** salad (10)

la **entrada** entrance (12)

entre among, between (H)

el **equipo de sonido** sound system, stereo (5)

las **escaleras** stairs (4)

la **escoba** broom (7)

escribir to write (H)

el **escritorio** teacher's desk (H)

la **escuela** school (H)

los **espaguetis** spaghetti, noodles (10)

la **espalda** back (1)

el **español** Spanish (H)

espectacular spectacular (H)

el **espejo** mirror (5)

esperar to wait, to expect, to hope (8)

la **estación** (*f.; pl.: estaciones*) season (H)

el **estante** (*m.*) bookcase (5)

estar to be (H)

  ¿Cómo estás tú? How are you? (H)

esto this (H)

la **estrella** star (9)

estudiar to study (H)

la **estufa** stove (6)

exótico, exótica exotic, rare (8)

F

fabuloso, fabulosa fabulous (H)

fácil (*pl.: fáciles*) easy (H)

la **falda** skirt (2)

la **familia** family (H)

fantástico, fantástica fantastic (H)

el **favor** (*m.*) favor (9)

  por favor please (9)

favorito, favorita favorite (H)

febrero February (H)

la **fecha** date (H)

feliz (*pl.: felices*) happy (H)

feo, fea ugly (2)

la **fiesta** celebration, party (H)

el **fin** (*pl.: fines*) end (H)

  fin de semana weekend (H)

el **flamenco** flamingo (H)

el **fregadero** sink (6)

la **frente** forehead (1)

la **fresa** strawberry (8)

fresco, fresca cool (H)

los **frijoles** beans (10)

frío, fría cold (H)

frito, frita fried (9)

las **frutas** fruit (8)

la **fuente de agua** drinking fountain, water fountain (12)

fuera de out, outside (4)

fuerte strong (3)

G

el **gabinete** (*m.*) cabinet (6)

el **garaje** (*m.*) garage (4)

el **gato** cat (H)

la **gelatina** gelatin dessert (10)

generoso, generosa generous (3)

la **geografía** geography (H)

el **gimnasio** gymnasium (H)

el **globo** globe (H)

la **gorra** cap (2)

Gracias. Thanks. (H)

la **granadilla** passion fruit (8)

grande big, large (H)

el **grifo** faucet (6)

la **gripe** flu (H)

gris gray (H)

grueso, gruesa fat, stout (3)

la **guayaba** guava (8)

los **guisantes** peas (10)

gustar to like, to please (H)

  ¿Qué te gusta hacer…?
    What do you like to do…? (H)

H

hablar to speak (H)

  ¡Hablemos! (*com.; inf.: hablar*)
    Let's talk! (H)

el **habla** (*f.*) language (8)

hacer to do, to make (H)

el **hambre** (*f.*) hunger (H)

  tener hambre to be hungry (H)

la **hamburguesa** hamburger (10)

hasta until (H)

¡Hasta luego!   See you later! (H)

¡Hasta mañana!
   See you tomorrow! (H)

¡Hasta pronto!   See you soon! (H)

hay (*inf.: **haber***)   there is, there are (H)

el **helado**   ice cream (10)

la **hermana**   sister (H)

las **hermanas**   sisters (H)

la **hermanastra**   stepsister (H)

el **hermanastro**   stepbrother (H)

el **hermano**   brother (H)

los **hermanos**   brothers,
   brothers and sisters (H)

la **hija**   daughter (H)

el **hijo**   son (H)

los **hijos**   children (H)

la **hoja de papel**   sheet of paper (H)

¡Hola!   Hello! Hi! (H)

el **hombre**   man (H)

el **hombro**   shoulder (1)

la **hora**   hour, time (H)

   ¿A qué hora…?   At what time…? (H)

   ¿Qué hora es?   What time is it? (H)

el **horno**   oven (6)

   horno de microondas   microwave
      oven (6)

hoy   today (H)

el **huevo**   egg (9)

   huevos fritos   fried eggs (9)

   huevos pasados por agua
      hard-boiled eggs (9)

   huevos revueltos   scrambled eggs (9)

I

impaciente   impatient (3)

el **impermeable**   raincoat (2)

importante   important (H)

el **inglés**   English (H)

inteligente   intelligent (3)

interesante   interesting (H)

el **invierno**   winter (H)

ir   to go (H)

ir a (+ *inf.*)   to be going to (H)

Voy a…   I'm going to… (H)

irse (*reflexive*)   to leave, go away (11)

   Me voy a la escuela.
      I'm leaving for school. (11)

J

el **jamón** (*m.*)   ham (10)

el **jardín** (*m.; pl.: **jardines***)   garden (4)

el **jueves**   Thursday (H)

   los jueves   on Thursdays (H)

el **jugo**   juice (9)

julio   July (H)

junio   June (H)

L

la (*f. s.*)   the (H)

el **labio**   lip (1)

lacio, lacia   straight (*hair*) (3)

la **lámpara**   lamp (5)

el **lápiz** (*pl.: **lápices***)   pencil (H)

largo, larga   long (H)

las (*f. pl.*)   the (H)

la **lata**   can (6)

la **lavadora**   washing machine (7)

el **lavaplatos** (*pl.: **lavaplatos***)
   dishwasher (6)

lavar   to wash (7)

lavarse (*reflexive*)   to wash oneself (11)

le   to him/her/you (H)

la **lección** (*f.; pl.: **lecciones***)   lesson (H)

la **leche** (*f.*)   milk (9)

leer   to read (H)

las **legumbres**   vegetables (10)

lejos de   far from (5)

la **lengua**   tongue (1)

levantarse (*reflexive*)   to get up (11)

el **libro**   book (H)

la **licuadora**   blender (6)

el **limón** (*m.; pl.: **limones***)   lemon (8)

limpiar   to clean, to wash (7)

limpio, limpia   clean (7)

llamarse (*reflexive*)   to be called (H)

  Me llamo...   My name is... (H)

llevar   to wear (2)

llover   to rain (H)

el **loro**   parrot (H)

los (*m. pl.*)   the (H)

luego (*adv.*)   later, then (H)

el **lunes**   Monday (H)

  los lunes   on Mondays (H)

la **luz** (*f.; pl.: luces*)   light (H)

M

la **madrastra**   stepmother (H)

la **madre**   mother (H)

la **maestra**   (female) teacher (12)

el **maestro**   (male) teacher (12)

el **maíz**   corn (10)

mal   bad (*adj. before a m. s. noun*) (H)

mal (*adv.*)   badly (H)

  Me queda mal.   It fits me badly. (2)

malo, mala   bad (H)

la **mamá**   mother, mom (H)

mañana (*adv.*)   tomorrow (H)

  ¡Hasta mañana!

    See you tomorrow! (H)

la **mañana**   morning (H)

el **mango**   mango (8)

la **mano** (*f.*)   hand (1)

el **mantel**   tablecloth (8)

la **manzana**   apple (8)

el **mapa** (*m.*)   map (H)

maravilloso, maravillosa

  marvelous, wonderful (H)

la **margarina**   margarine (9)

la **mariposa**   butterfly (H)

marrón (*pl. marrones*)   brown (H)

el **martes**   Tuesday (H)

  los martes   on Tuesdays (H)

marzo   March (H)

más   plus (H); more (3)

  el más, la más   the most (12)

más...que   more...than (3)

las **matemáticas**   mathematics (H)

mayo   May (H)

me   myself, to me (H)

  Me gusta...   I like... (H)

  Me llamo...   My name is... (H)

mediano, mediana   medium (2)

la **medianoche**   midnight (H)

las **medias**   stockings, socks (2)

medio, media   half (H)

el **mediodía**   noon (H)

la **mejilla**   cheek (1)

mejorar   to get well (H)

menos   less, minus (H)

  menos...que   less...than (3)

la **mermelada**   jam, marmalade (9)

el **mes**   month (H)

la **mesa**   table (H)

la **mesita de noche**   night table (5)

mi (*pl.: mis*)   my (H)

las **microondas**   microwaves (6)

  el horno de microondas

    microwave oven (6)

el **miedo**   fear (H)

  tener miedo   to be afraid (H)

el **miércoles**   Wednesday (H)

  los miércoles   on Wednesdays (H)

el **minuto**   minute (H)

mirar   to look, to watch (6)

morado, morada   purple (H)

la **muchacha**   girl (H)

el **muchacho**   boy (H)

mucho (*adv.*)   a lot (H)

mucho, mucha (*adj.*)   much (H)

los **muebles**   furniture (5)

la **mujer** (*pl.: mujeres*)   woman (H)

el **mundo**   world (12)

la **música**   music (H)

muy   very (H)

N

nada   nothing (12)

nadar to swim (H)

nadie no one, nobody (12)

la naranja orange (*fruit*) (8)

la nariz (*f.; pl.:* **narices**) nose (1)

negro, negra black (H)

nevar to snow (H)

la nieta granddaughter (H)

el nieto grandson (H)

los nietos grandchildren (H)

no no (H)

la noche (*f.*) night, evening (H)

¡Buenas noches! Good evening! (H)

nos to us (10); ourselves (11)

Nos gusta(n)... We like... (11)

nosotras (*f. pl.*) we, us (4)

nosotros (*m. pl.*) we, us (4)

noviembre November (H)

los novios sweethearts (H)

nublado, nublada cloudy (H)

nuestra (*f. s.*) our (9)

nuestro (*m. s.*) our (9)

nuestras (*f. pl.*) our (9)

nuestros (*m. pl.*) our (9)

nuevas (*f. pl.*) new (9)

nuevo, nueva new (9)

nuevos (*m. pl.*) new (9)

el número number (H)

nunca never (H)

O

octubre October (H)

la oficina office (12)

el ojo eye (1)

ondulado, ondulada wavy (3)

la oportunidad opportunity (8)

la oreja ear (1)

el oso bear (H)

el otoño fall, autumn (H)

P

el padrastro stepfather (H)

los países countries (8)

el pájaro bird (H)

el pan bread (9)

pan tostado toast (9)

los pantalones slacks, trousers, pants (2)

el papá father, dad (H)

la papa potato (10)

los papás parents (H)

la papaya papaya (8)

el papel (*pl.:* **papeles**) paper (H)

la pared (*pl.:* **paredes**) wall (H)

el parque (*m.*) park (H)

la parte (*f.*) part (1)

pasar to pass (7)

pasar la aspiradora to vacuum (7)

el pasillo corridor, hall, hallway (12)

patinar to skate (H)

el patio courtyard, patio (4)

el pavo turkey (10)

peinarse (*reflexive*) to comb one's hair (11)

el pelo hair (1)

pelo castaño brown hair (3)

pelo lacio straight hair (3)

pelo ondulado wavy hair (3)

pelo rizado curly hair (3)

pensar (+ *inf.*) to think, to plan (11)

pequeño, pequeña small (H)

la pera pear (8)

perdonar to forgive (11)

¡Perdóname! Forgive me! (11)

pero but (4)

el perro dog (H)

la persona person (3)

el pescado (cooked) fish (10)

las pestañas eyelashes (1)

el pez (*pl.:* **peces**) (live) fish (H)

el pie (*m. s.*) foot (1)

la pierna leg (1)

el pijama pajamas (2)

la pimienta pepper (8)

pintar to paint (H)

la piña pineapple (8)

el piso floor (5)

la **pizarra**   chalkboard (H)
la **plancha**   iron (*appliance*) (7)
planchar   to iron (7)
la **planta**   plant (7)
el **plátano**   banana (8)
el **platillo**   saucer (8)
el **plato**   dish, plate (8)
un **poco**   a little bit (3)
poder   to be able (10)
el **pollo**   chicken (10)
el **polvo**   dust (7)
   quitar el polvo   to dust (7)
poner   to set, place (8)
   poner la mesa   to set the table (8)
ponerse (*reflexive*)   to put on, to wear (11)
popular   popular (3)
por   in (H)
   ¡Por favor!   Please! (9)
   ¡Por supuesto!   Of course! (1)
   por último (*adv.*)   last, finally (11)
posiblemente   possibly (8)
practicar   to practice (H)
la **prima**   (female) cousin (H)
la **primavera**   spring (H)
primero (*adv.*)   first (11)
el **primero**   the first (of the month) (H)
el **primo**   (male) cousin (H)
la **prisa**   hurry (H)
probar   to taste, to try (10)
el **profesor**   (male) teacher (H)
la **profesora**   (female) teacher (H)
pronto   soon (H)
próximo, próxima   next (H)
la **puerta**   door (4)
la **puesta del sol**   sunset (H)
el **punto**   dot, point (H)
   en punto   on the dot, sharp (*time*) (H)
el **pupitre**   student's desk (H)

Q

que   than (3)
¿qué?   what? (H)

¿Qué tal?   How is it going? (H)
¿Qué tienes?   What's the matter?
   What do you have? (H)
¿Qué vas a comprar?
   What are you going to buy? (2)
quedarse   to fit, to look (*clothes*) (2)
   Me queda bien/mal.   It fits me
      well/badly. It looks good/bad on me.
      (2)
el **quehacer** (*pl.:* **quehaceres**)   chore (7)
querer   to want (9)
el **queso**   cheese (10)
¿quién?   who? (H)
quitar   to remove, to take off (7)
quitarse la ropa (*reflexive*)   to undress (11)

R

el **radio**   radio (5)
el **ratón** (*pl.:* **ratones**)   mouse (H)
la **razón** (*pl.:* **razones**)   reason (H)
recibir   to get, to receive (8)
recoger   to pick up (7)
el **rectángulo**   rectangle (H)
el **refrigerador** (*pl. :* **refrigeradores**)
   refrigerator (6)
regar las plantas   to water the plants (7)
la **región** (*pl.:* **regiones**)   region, area (8)
la **regla**   ruler (H)
el **reloj** (*pl.:* **relojes**)   clock (H)
el **restaurante**   restaurant (9)
el **retrato**   portrait (5)
rizado, rizada   curly (*hair*) (3)
la **rodilla**   knee (1)
rojizo, rojiza   reddish (*hair*) (3)
rojo, roja   red (H)
la **ropa**   clothes, clothing (2)
el **ropero**   closet (5)
rosado, rosada   pink (H)
rubio, rubia   blond (3)

S

el **sábado**   Saturday (H)
   los sábados   on Saturdays (H)
saber   to know (H)
   saber (+ *inf.*)   to know how to (12)
sacar   to take out (7)
   sacar la basura   to take out the
      trash (7)
la **sal**   salt (8)
la **sala**   living room (4)
la **salida**   exit (12)
el **salón de clase**   classroom (H)
la **salud** (*f.*)   health (H)
la **sandía**   watermelon (8)
el **sándwich** (*pl.: sándwiches*)
      sandwich (10)
se (*s.*)   himself, herself, yourself (H)
   Se llama...   His/Her name is... (H)
se (*pl.*)   themselves, yourselves (11)
la **secadora**   dryer (7)
secar   to dry (7)
secarse (*reflexive*)   to dry oneself (11)
la **secretaria**   (female) secretary (12)
el **secretario**   (male) secretary (12)
la **sed**   thirst (H)
la **semana**   week (H)
sensacional   sensational (H)
señor   Mister (H)
el **señor**   man, gentleman (H)
señora   Mrs., ma'am (H)
la **señora**   woman, lady (H)
señorita   Miss (H)
la **señorita**   young lady (H)
septiembre   September (H)
ser   to be (H)
   eres   you are (3)
   son   they are (3)
   soy   I am (3)
la **servilleta**   napkin (8)
sí   yes (H)
siempre   always (H)
la **silla**   chair (H)
el **sillón** (*pl.: sillones*)   armchair (5)

simpático, simpática   nice (3)
sobre   on, on top of, over (8)
el **sofá** (*m.*)   sofa (5)
el **sol**   sun (H)
   Hace sol.   It's sunny. (H)
el **sombrero**   hat (2)
la **sopa**   soup (10)
el **sótano**   basement, cellar (4)
Sr.   (See *señor*)
Sra.   (See *señora*)
Srta.   (See *señorita*) (H)
su (*pl.: sus*)   his, her, your (H), their (9)
subir   to go up (12)
   subir las escaleras   to go up the stairs
      (12)
sucio, sucia   dirty (7)
el **sueño**   sleep (H)
   tener sueño   to be sleepy (H)
la **suerte**   luck (H)
el **suéter**   sweater (2)

T

tal   such (H)
también   also, too (H)
la **tarde**   afternoon, evening (H)
la **taza**   cup (8)
te   yourself, to you (H)
   ¿Cómo te llamas?
      What's your name? (H)
   te duele(n)...   your...hurt(s) (1)
   ¿Te gusta?   Do you like it? (H)
   te queda(n)...   (it) fit(s) you, looks...on
      you (2)
el **té** (*m.*)   tea (9)
el **techo**   roof (4)
el **teléfono**   telephone (H)
el **televisor** (*m.*)   television set (5)
la **televisión**   television (5)
la **temperatura**   temperature (H)
temprano   early (11)
el **tenedor** (*m.*)   fork (8)
tener   to have (H)

¿Qué tienes? What's the matter?
What do you have? (H)

tener que (+ *inf.*) to have to (7)

terrible terrible (H)

la **tía** aunt (H)

el **tiempo** weather, time (H)

la **tienda** store (H)

la **tienda de ropa** clothing store (2)

el **tigre** (*m.*) tiger (H)

tímido, tímida shy (3)

el **tío** uncle (H)

los **tíos** uncles, aunts and uncles (H)

la **tiza** chalk (H)

el **tobillo** ankle (1)

el **tocador** (*pl.: tocadores*) dresser (5)

tocar to touch (1)

todo, toda (*s.*) all (5)

todos, todas (*pl.*) all (5)

todos los días every day (11)

tomar to have (food), to drink (9)

tomar el desayuno
to have breakfast (9)

tostado, tostada toasted (9)

la **toronja** grapefruit (9)

la **tortilla** flat bread (10)

la **tortuga** turtle (H)

el **tostador** toaster (6)

trabajar to work (12)

traer to bring (8)

el **traje de baño** swimsuit (2)

el **trapeador** mop (7)

el **trapo** rag (7)

el **triángulo** triangle (H)

tropical tropical (8)

tu (*pl. tus*) (*informal*) your (H)

tú (*informal*) you (H)

U

último, última last (11)

Por último, me pongo la ropa.
Last, I get dressed. (11)

un, una a, an (H)

unas (*f. pl.*) some, a few (H)

la **unidad** (*pl. unidades*) unit (H)

unos (*m. pl.*) some, a few (H)

usar to use (H)

usted (*s. formal*) you (H)

ustedes (*pl. formal*) you (4)

la **uva** grape (8)

V

el **vaso** glass (8)

a veces sometimes (H)

la **ventana** window (H)

el **verano** summer (H)

¿verdad? is that right? (5)

verde green (H)

el **vestido** dress, suit (2)

la **videocasetera** VCR (5)

viejo, vieja old (9)

el **viento** wind (H)

el **viernes** Friday (H)

los viernes on Fridays (H)

la **vista** view (4)

vivir to live (6)

volver to return (11)

Y

y and (H)

¿Y tú? How about you? (H)

yo I (H)

Z

la **zanahoria** carrot (10)

el **zapato** shoe (2)

el **zapote** sapodilla (*tropical fruit*) (8)

WORD LIST

ENGLISH-SPANISH

This list gives English words with similar meanings to the Spanish words that you've learned in *¿Qué tal?* A number in parentheses indicates the unit where a word is taught. (H) indicates that a word was first presented in *¡Hola!*

A

a, an un (*m.*), una (*f.*)
a lot mucho, mucha (H)
after después, luego (H)
afternoon la tarde (H)
all (*s.*) todo, toda (5)
all (*pl.*) todos, todas (5)
always siempre (H)
among entre (H)
amusing divertido, divertida (H)
animal el animal (*pl.:* animales) (H)
ankle el tobillo (1)
apartment el apartamento (4)
apple la manzana (8)
arm el brazo (1)
armchair el sillón (5)
to **arrive** llegar (12)
art el arte (H)
athletic atlético, atlética (3)
auditorium el auditorio (12)
aunt la tía (H)
autumn el otoño (H)

B

back la espalda (1)
back (*adv.*) detrás (1)
  in back of detrás de (5)
bad mal (*adj; before a m. s. noun*) (5)
badly mal (5)
balcony el balcón (4)

ballpoint pen el bolígrafo (H)
banana el plátano (8)
basement el sótano (4)
basic básico, básica (10)
basket la cesta (H)
bath, to take a bañarse (11)
bathing suit el traje de baño (2)
bathrobe la bata (2)
bathroom el baño (4)
to **be** (*in a place, for a time*) estar (4)
to **be** ser (H)
to **be able** poder (10)
beans los frijoles (10)
bear el oso (H)
bed la cama (5)
bedroom el dormitorio (4)
before antes (7)
to **begin** comenzar (11)
behind detrás de (5)
beneath debajo de (8)
between entre (H)
big grande (H)
bird el pájaro (H)
birthday el cumpleaños (H)
black negro, negra (H)
blender la licuadora (6)
blond rubio, rubia (3)
blouse la blusa (2)
blue azul (H)
body el cuerpo (1)
book el libro (H)

bookcase   el estante (5)
boot   la bota (2)
boring   aburrido, aburrida (H)
bowl   el bol (6)
box   la caja (6)
boy   el muchacho (H)
bread   el pan (9)
breakfast   el desayuno (9)
to **bring**   traer (8)
broom   la escoba (7)
brother   el hermano (H)
brown   marrón (H)
brown (hair, eyes)   castaño, castaña (3)
to **brush one's teeth**
      cepillarse los dientes (11)
but   pero (4)
butterfly   la mariposa (H)
to **buy**   comprar (2)

C

cabinet   el gabinete (6)
cafeteria (school)   el comedor (12)
calendar   el calendario (H)
can (*noun*)   la lata (6)
canary   el canario (H)
can opener   el abrelatas (6)
cap   la gorra (2)
carpet   la alfombra (5)
carrot   la zanahoria (10)
cat   el gato (H)
cereal   el cereal (9)
chalk   la tiza (H)
chalk eraser   el borrador (H)
cheek   la mejilla (1)
cheese   el queso (10)
cherry   la cereza (8)
chestnut (color)   castaño, castaña (3)
chicken   el pollo (10)
chili pepper   el chile (10)
chimney   la chimenea (4)
chocolate   el chocolate (9)
chore   el quehacer (*pl.:* quehaceres) (7)

circle   el círculo (H)
class   la clase (H)
clean   limpio, limpia (7)
to **clean**   limpiar (7)
to **climb**   subir (12)
clock   el reloj (H)
closet   el ropero (5)
clothes   la ropa (2)
clothing store   la tienda de ropa (2)
cloudy   nublado, nublada (H)
coat   el abrigo (2)
cold   frío, fría (H)
color   el color (H)
to **comb one's hair**   peinarse (11)
computer   la computadora (H)
to **cook**   cocinar (6)
cook (female)   la cocinera (12)
cook (male)   el cocinero (12)
cool   fresco, fresca (H)
corn   el maíz (10)
corridor   el pasillo (12)
courtyard   el patio (4)
cousin (female)   la prima (H)
cousin (male)   el primo (H)
cream   la crema (8)
cup   la taza (8)
curly (hair)   rizado, rizada (3)
curtains   las cortinas (5)
custodian   el conserje, la conserje (12)

D

dad   el papá (H)
to **dance**   bailar (H)
date   la fecha (H)
daughter   la hija (H)
day   el día (H)
December   diciembre (H)
den   el despacho (4)
to **descend**   bajar (12)
desk (student's)   el pupitre (H)
desk (teacher's)   el escritorio (H)
difficult   difícil (*pl.:* difíciles) (H)

dining room el comedor (4)
dinner la cena (10)
director el director, la directora (12)
dirty sucio, sucia (7)
dish el plato (8)
dishwasher el lavaplatos (*pl.:* lavaplatos) (6)
dog el perro (H)
door la puerta (4)
down the stairs, to go
  bajar las escaleras (12)
drawer el cajón (*pl.:* cajones) (6)
dream el sueño (H)
dress el vestido (2)
dresser el tocador (5)
to **drink** beber (9)
drinking fountain la fuente de agua (12)
to **dry** secar (7)
to **dry oneself** secarse (11)
dryer la secadora (7)
dust el polvo (7)
to **dust** quitar el polvo (7)

E

ear la oreja (1)
early temprano (11)
easy fácil (*pl:* fáciles) (H)
to **eat** comer (9)
  eat breakfast desayunar (9)
  eat dinner cenar (10)
  eat lunch almorzar (10)
egg el huevo (9)
  fried eggs los huevos fritos (9)
  hard-boiled eggs
    los huevos pasados por agua (9)
  scrambled eggs
    los huevos revueltos (9)
elbow el codo (1)
electric mixer la batidora eléctrica (6)
electrical socket el enchufe (6)
end el fin (*pl.:* fines) (H)
entrance la entrada (12)

evening la tarde (H)
exit la salida (12)
eye el ojo (1)
eyebrow la ceja (1)
eyelashes las pestañas (1)

F

face la cara (1)
family la familia (H)
fantastic fantástico, fantástica (H)
far from lejos de (5)
fat grueso, gruesa (3)
father el papá (H)
faucet el grifo (6)
favor el favor (9)
favorite favorito, favorita (H)
fear el miedo (H)
February febrero (H)
fence la cerca (4)
few, a unos, unas (H)
fine bien (H)
finger el dedo (1)
to **finish** acabar de (7)
first, the el primero (H)
fish (cooked) el pescado (10)
fish (live) el pez (*pl.:* peces) (H)
to **fit** quedar (2)
flamingo el flamenco (H)
floor el piso (5)
food la comida (10)
foot el pie (1)
forehead la frente (1)
to **forgive** perdonar (11)
fork el tenedor (6)
fountain la fuente (12)
fruit la fruta (8)
fun divertido, divertida (H)
furniture los muebles (5)

G

garage el garaje (4)

gelatin   la gelatina (10)

generous   generoso, generosa (3)

geography   la geografía (H)

to **get dressed**   ponerse la ropa (11)

to **get up**   levantarse (11)

girl   la muchacha (H)

glass   el vaso (8)

globe   el globo (H)

to **go**   ir (H)

    go away   irse (11)

    go down   bajar (12)

    go to bed   acostarse (11)

    go up   subir (12)

Good afternoon.   Buenas tardes. (H)

Good-bye!   ¡Adiós! (H)

Good evening.   Buenas noches. (H)

Good morning.   Buenos días. (H)

Good night.   Buenas noches. (H)

grandchildren   los nietos (H)

granddaughter   la nieta ((H))

grandson   el nieto (H)

grape   la uva (8)

grapefruit   la toronja (9)

gray   gris (H)

great-grandfather   el bisabuelo (H)

great-grandmother   la bisabuela (H)

green   verde (H)

gymnasium   el gimnasio (H)

H

hair   el pelo (3)

half   medio, media (H)

    half-hour, a   una media hora (H)

hall   el pasillo (12)

ham   el jamón (10)

hamburger   la hamburguesa (10)

hand   la mano (1)

to **hang**   colgar (7)

hat   el sombrero (2)

to **have**   tener (H)

to **have breakfast**   tomar el desayuno (9)

to **have just**   acabar de + *inf.* (7)

to **have to**   tener que + *inf.* (7)

he   él (H)

head   la cabeza (1)

health   la salud (H)

herself   se (11)

Hi!   ¡Hola! (H)

himself   se (11)

homework   la tarea (11)

home   la casa (H)

hot chocolate   el chocolate (9)

hour   la hora (H)

    hour and a half, an
      una hora y media (H)

    hour and a quarter, an   una hora y
      cuarto (H)

house   la casa (H)

how?   ¿cómo? (H)

    how many?   ¿cuántos...? ¿cuántas...?
      (H)

    how much?   ¿cuánto...? ¿cuánta...? (H)

    know how   saber + *inf.* (12)

hunger   el hambre (H)

hurry   la prisa (H)

to **hurt**   doler (1)

I

I   yo (H)

ice cream   el helado (10)

impatient   impaciente (3)

in   en, entre (H); dentro de (4)

    in front of   delante de (5)

infirmary   la enfermería (12)

inside   dentro de (4)

intelligent   inteligente (3)

interesting   interesante (H)

iron   (appliance)   la plancha (7)

to **iron**   planchar (17)

It's...   Es...; Está... (H)

    It's cloudy.   Está nublado. (H)

    It's cold.   Hace frío. (H)

    It's cool.   Hace fresco. (H)

    It's hot.   Hace calor. (H)

It's raining. Está lloviendo. Llueve. (H)
It's snowing. Está nevando. Nieva. (H)
It's sunny. Hace sol. (H)
It's windy. Hace viento. (H)

J

jacket la chaqueta (2)
jam la mermelada (9)
janitor (female) la conserje (12)
janitor (male) el conserje (12)
January enero (H)
juice el jugo (9)
July julio (H)
June junio (H)

K

kitchen la cocina (4)
knee la rodilla (1)
knife el cuchillo (8)
to **know how** saber (12)

L

lamp la lámpara (5)
large grande (H)
last último, última; por último (11)
to **learn** aprender (H)
to **leave** irse (11)
leg la pierna (1)
lemon el limón (8)
less menos (3)
  less...than menos...que (3)
lesson la lección (H)
letter la carta (12)
librarian el bibliotecario, la bibliotecaria (12)
library la biblioteca (12)
to **lie down** acostarse (11)
light la luz (H)
light bulb la bombilla (6)

to **like** gustar (H)
lip el labio (1)
little pequeño, pequeña (H)
to **live** vivir (6)
living room la sala (4)
long largo, larga (H)
to **look** mirar (6)
luck la suerte (H)
lunch el almuerzo (10)

M

mailbox el buzón (*pl.*: buzones) (4)
to **make** hacer (H)
man el hombre, el señor (H)
map el mapa (H)
margarine la margarina (9)
marmalade la mermelada (9)
marvelous maravilloso, maravillosa (H)
May mayo (H)
me me, mí (H)
meat la carne (10)
meatballs las albóndigas (10)
medium mediano, mediana (2)
microwave oven el horno de microondas (6)
midday el mediodía (H)
midnight la medianoche (H)
milk la leche (9)
minute el minuto (H)
mirror el espejo (5)
Miss Señorita (H)
mom la mamá (H)
mop el trapeador (7)
more más (H)
  more...than más...que (3)
morning la mañana (H)
mother la madre (H)
mouse el ratón (H)
mouth la boca (1)
movie theater el cine (H)
Mr. Señor (H)
Mrs. Señora (H)

music   la música (H)
my   mi (*pl.:* mis) (H)

N

name   el nombre (H)
  My name is...   Me llamo... (H)
napkin   la servilleta (8)
near   cerca de (5)
neck   el cuello (1)
never   nunca (H)
new   nuevo, nueva (9)
next week   la próxima semana (H)
nice   simpático, simpática (3)
night   la noche (H)
night table   la mesita de noche (5)
no   no (H)
nobody   nadie (12)
noodles   los espaguetis (10)
noon   el mediodía (H)
no one   nadie (12)
nose   la nariz (*pl.:* narices) (1)
notebook   el cuaderno (H)
nothing   nada (12)
November   noviembre (H)
now   ahora (H)
nurse (female)   la enfermera (12)
nurse (male)   el enfermero (12)

O

oatmeal   la avena (9)
October   octubre (H)
of   de (H)
office   la oficina (12)
old   viejo, vieja (9)
on   en (H); sobre (8)
  on top of   sobre (8)
to **open**   abrir (6)
opportunity   la oportunidad (8)
orange (color)   anaranjado (H)
orange (fruit)   la naranja (8)
our   nuestro, nuestra (9)

ours (*pl.*)   nuestros, nuestras (9)
ourselves   nos (11)
out   fuera de (4)
outside   fuera de (4)
oven   el horno (6)

P

pain, to be in, to have a
  tener dolor (H)
painting   el cuadro (5)
to **paint**   pintar (H)
pajamas   el pijama (2)
pants   los pantalones (2)
papaya   la papaya (8)
paper   el papel (*pl.:* papeles) (H)
parents   los papás (H)
park   el parque (H)
parrot   el loro (H)
part   la parte (1)
to **pass**   pasar (7)
patio   el patio (4)
pear   la pera (8)
peas   los guisantes (10)
pen (ballpoint)   el bolígrafo (H)
pencil   el lápiz (H)
pepper   la pimienta (8)
person   la persona (3)
physical education
  la educación física (H)
to **pick up**   recoger (7)
picture   el cuadro (5)
pillow   la almohada (5)
pineapple   la piña (8)
pink   rosado, rosada (H)
to **plan**   pensar + *inf.* (11)
plate   el plato (8)
to **play sports**   practicar los deportes (H)
pleasant   simpático, simpática (3)
to **please**   gustar (H)
plug   el enchufe (6)
point   el punto (H)
polo shirt   la camiseta (2)

popular popular (3)
portrait el retrato (5)
poster el cartel (5)
potato la papa (10)
to **practice** practicar (H)
pretty bonito, bonita (2)
principal el director, la directora (12)
purple morado, morada (H)
to **put** poner (8)
to **put on** ponerse (11)

Q

quarter-hour, a un cuarto de hora (H)

R

rabbit el conejo (H)
radio el radio (5)
rag el trapo (7)
to **rain** llover (H)
raincoat el impermeable (2)
reason la razón (H)
to **receive** recibir (8)
rectangle el rectángulo (H)
red rojo, roja (H)
reddish (hair) rojizo, rojiza (3)
refrigerator el refrigerador
  (*pl.*: refrigeradores) (6)
to **return** volver (11)
rice el arroz (10)
right, to be tener razón (7)
robe la bata (2)
roof el techo (4)
room el cuarto (4)
rug la alfombra (5)
ruler la regla (H)
to **run** correr (6)

S

salad la ensalada (10)
salt la sal (8)

sandwich el sándwich (10)
Saturday el sábado (H)
saucer el platillo (8)
school la escuela (H)
school principal el director, la directora
  (12)
science las ciencias (H)
season la estación (H)
secretary la secretaria, el secretario (12)
See you later. Hasta luego. (H)
See you soon. Hasta pronto. (H)
See you tomorrow. Hasta mañana. (H)
sensational sensacional
  (*pl.* sensacionales) (H)
September septiembre (H)
to **set** poner (8)
    set the table poner la mesa (8)
she ella (H)
shelf el estante (5)
shirt la camisa (2)
shoes los zapatos (2)
short corto, corta (H); bajo, baja (3)
shoulder el hombro (1)
to **shut** cerrar (11)
shy tímido, tímida (3)
to **sing** cantar (H)
sink el fregadero (6)
sister la hermana (H)
to **skate** patinar (H)
skirt la falda (2)
slacks los pantalones (2)
sleepy, to be tener sueño (H)
small pequeño, pequeña (H)
to **snow** nevar (H)
social sciences las ciencias sociales (H)
socks los calcetines (2)
sofa el sofá (5)
some unos (*m.*), unas (*f.*) (H)
somebody alguien (12)
something algo (12)
son el hijo (H)
soon pronto (H)
sound system el equipo de sonido (5)

soup la sopa (10)

spaghetti and meatballs
  los espaguetis con albóndigas (10)

Spanish el español (H)

spoon la cuchara (8)

sports los deportes (H)

spring la primavera (H)

square el cuadrado (H)

stairs las escaleras (4)

to **start** comenzar (11)

stepbrother el hermanastro (H)

stepfather el padrastro (H)

stepmother la madrastra (H)

stepsister la hermanastra (H)

stockings las medias (2)

store la tienda (H)

stout grueso, gruesa (3)

stove la estufa (6)

straight (hair) lacio (3)

strawberry la fresa (8)

strong fuerte (3)

student (female) la alumna (H)

student (male) el alumno (H)

studio el despacho (4)

to **study** estudiar (H)

study (room) el despacho (4)

such tal (H)

sugar el azúcar (8)

sun el sol (H)

Sunday el domingo (12)

sunrise la salida del sol (H)

sunset la puesta del sol (H)

supper la cena (10)

sweater el suéter (2)

to **sweep** barrer (7)

swimsuit el traje de baño (2)

to **swim** nadar (H)

T

table la mesa (H)

tablecloth el mantel (*pl.*: manteles) (8)

tablespoon la cuchara (8)

to **take** tomar (12)

take off one's clothes
  quitarse la ropa (11)

take out the trash
  sacar la basura (7)

tall alto, alta (3)

to **taste** probar (10)

tea el té (9)

teacher (female) la profesora (H), la maestra (12)

teacher (male) el profesor (H), el maestro (12)

teaspoon la cucharita (8)

telephone el teléfono (H)

telephone number
  el número de teléfono (H)

television set el televisor (5)

temperature la temperatura (H)

terrible terrible (H)

the (*s. m. f.*) el, la (H)

the (*pl.*) los, las (H)

their su, sus (9)

themselves se (11)

then luego (H)

there are hay (H)

there is hay (H)

they ellos, ellas (4)

thin delgado, delgada (3)

to **think** pensar (11)

thirsty, to be tener sed (H)

this week esta semana (H)

Thursday el jueves (H)

tiger el tigre (H)

time el tiempo, la hora (H)

timid tímido, tímida (3)

toast el pan tostado (9)

tomorrow mañana (H)

tongue la lengua (1)

tooth el diente (1)

to **touch** tocar (1)

trash la basura (7)

triangle el triángulo (H)

to **try** probar (10)

T-shirt   la camiseta (2)
Tuesday   el martes (H)
turkey   el pavo (10)

U

ugly   feo, fea (2)
uncle   el tío (H)
under   debajo de (8)
underneath   debajo de (8)
undershirt   la camiseta (2)
to **understand**   comprender (H)
to **undress**   quitarse la ropa (11)
unit   la unidad (H)
until   hasta (H)
to **use**   usar (H)

V

to **vacuum**   pasar la aspiradora (7)
vacuum cleaner   la aspiradora (7)
VCR   la videocasetera (5)
vegetables   las legumbres (10)
very   muy (H)
view   la vista (4)

W

waist   la cintura (1)
to **wait**   esperar (8)
to **wake up**   despertarse (11)
to **walk**   caminar (H)
wall   la pared (H)
to **want**   querer (9)
to **wash**   lavar (7)
   wash oneself   lavarse (11)
   wash the floor   limpiar el piso (7)
washing machine   la lavadora (7)
wastebasket   la cesta (H)

water fountain   la fuente de agua (12)
watermelon   la sandía (8)
to **water the plants**   regar las plantas (7)
wavy (hair)   ondulado (3)
we   nosotras, nosotros (4)
weak   débil (3)
to **wear**   llevar (2); ponerse (11)
weather   el tiempo (H)
Wednesday   el miércoles (H)
week   la semana (H)
well   bien (H)
what ?   ¿qué? (H)
when?   ¿cuándo? (H)
where?   ¿dónde? ¿adónde? (H)
which?   ¿cuál?, ¿cuáles? (H)
to **whip**   batir (6)
white   blanco, blanca (H)
whose?   ¿de quién? (H)
why?   ¿por qué? (H)
window   la ventana (H)
winter   el invierno (H)
to **wipe dry**   secar (7)
with   con (7)
woman   la mujer, la señora, la señorita (H)
wonderful   maravilloso, maravillosa (H)
to **work**   trabajar (12)
world   el mundo (12)
to **write**   escribir (H)

Y

years old, to be   tener...años (H)
yellow   amarillo, amarilla (H)
yes   sí (H)
you   tú (*informal*); usted (*formal*) (H); ustedes (*pl. formal*) (4)
your   tu (*pl. informal:* tus) (H); su (*pl. formal:* sus) (H)

INDEX

Acknowledgments

The publisher would like to thank the following photographers, organizations, and individuals for permission to reprint their photographs. The following abbreviations are used to indicate the locations of photographs on pages where more than one photograph appears: T (top), B (bottom), L (left), R (right), and M (middle).

Cover Photographer:
Robert Keeling

Studio Photographers:
Jerry White Photography, Inc.
P&F Communications

American Egg Board: 210; **Stuart Cohen:** 34, 93, 105T, 105M, 105B, 115B, 191T, 199, 208R, 279L; **COREL Professional Photos CD-ROM:** 23B, 43, 59M, 96, 191M, 213B, Andrew Blaisdell; **Dekovic, Gene:** 84L; **Steven Ferry:** 3M, 137, 219, 224, 261T; **Florida Division of Tourism:** 14; **David R. Frazier:** 70, 80; **Robert Fried:** 5, 12, 23TR, 27, 41T, 41M, 41B, 45, 59T, 59B, 75L, 75R, 83B, 85T, 100, 107, 115T, 125M, 125B, 129, 134, 147B, 169T, 169M, 169B, 175, 176L, 176R, 177, 181, 183, 193, 197R, 203, 204, 206, 208L, 213M, 217, 223, 226, 239, 275; **Beryl Goldberg:** 270; **Erika Hugo:** 163, 243B, 276; 3T, Inter-American Magnet School; **The Image Works:** 37, Bob Daemmrich; **Alejandro Manosalva:** 74, 98, 147T, 237B, 261B, 279R; **National Federation of Wheelchair Tennis:** 20; **Mabel Niño:** 153, 160; **Odyssey Productions/Chicago:** 23TL, 31, 32, 56, 83M, 127, 147M, 171, Robert Frerck; **Chip and Rosa María de la Cueva Peterson:** 3B, 8, 18, 156, 191B, 237T, 243T, 261M; **Ann Purcell:** 6, 237M; **Carl Purcell:** 54, 164; **Chris B. Rollins:** 188L, 188M, 188R; **Marcia Seidletz:** 258; **Stock, Boston:** 83T, Peter Menzel; 85B, Gale Sucker; 125, David Woo; **UNICEF:** 4

Note: The publishers have made an effort to contact all copyright holders for permission to use their works. If any other copyright holders present themselves, appropriate acknowledgement will be arranged for in subsequent printings.